Fabeln aus aller Welt

Fabeln
aus aller Welt

Illustriert von Karsten Teich

Mit einem Vorwort
von Sybil Gräfin Schönfeldt

TULIPAN VERLAG

Vorwort

Du schleichst wie eine Schnecke und hüpfst wie ein Floh. Du bist bärenstark, bienenfleißig und weise wie die alte Eule.

Aber ist die Eule wirklich weise? Und sind die Spinnen mit ihrer unablässigen Netzweberei nicht viel fleißiger als Bienen? Warum sagt man also lammfromm und mauseleise?

Das hängt mit der Blume zusammen, mit der Möglichkeit, „durch die Blume" zu sprechen: Denn wenn ich mir beim Reden einen dicken Blumenstrauß vor die Nase halte, kann mir mein Gegenüber nicht vom Gesicht ablesen, was ich denke. Dann trifft ihn auch das, was ich sage, nicht direkt. Zwischen ihm und mir ist etwas Drittes. Und dieses Dritte kann noch vielfältiger und eindrucksvoller als der dickste und duftendste Blumenstrauß sein, wenn ich Rose gegen Reh eintausche und mir alle Tiere vom Floh bis zum Elefanten zur Hilfe hole. So kann ich nämlich einem eitlen Fratz unumwunden vom eingebildeten Raben erzählen, der sich mit fremden Federn schmückte und sich damit nur lächerlich machte. Oder einem Vertrauensseligen vom Schäfchen, das auf den Wolf hereinfiel, der sich mit einem Fell als frommes Lamm verkleidet hatte.

Dabei erzähle ich Fabeln, ausgedachte Geschichten, und am Ende manch einer alten Fabel steht die Frage: Und die Moral von der Geschicht?

Denn das ist die Aufgabe der Fabel. Sie will wie eine weise Eule erzählen, wohin es führt, wenn man einfach drauflos lebt und nicht an das Ende denkt, also nicht an die Folgen unserer Taten und unserer Unterlassungen.

Die Fabel ist eine Lehre, für den, dem sie gilt, manchmal bitter oder peinlich und beschämend – aber die Fabel macht sie erträglich. Denn wer lässt sich gern sagen, dass er unbedacht und dumm gehandelt hat? Wer will schon immer die Wahrheit über sich selbst hören? Wer kann es vor allem ertragen, wenn ihm diese Wahrheit in aller Öffentlichkeit präsentiert wird? Wenn er so töricht und so lächerlich dasteht, wie er wirklich ist?

Darum ist es so gut, dass es Fabeln gibt und dass die Fabeln die Rolle dieses Dritten spielen. Ihre Geschichten und ihre Moral stehen zwischen demjenigen, der sie erzählt, und demjenigen, der zuhört. Beide können sie betrachten wie ein lebendiges Wesen. Beide können erkennen, wovor die Fabel behüten und was sie sagen will. Sie können sich das zu Herzen nehmen. Sie können die Fabel aber auch nur als eine seltsame oder komische Geschichte verstehen und bei allen anderen Erinnerungen aufheben.

Vielleicht wacht diese Erinnerung dann eines Tages auf, wenn man das tut, wovor sie warnte, und bewahrt uns vor einem unbedachten Ende.

Die Fabel tut noch etwas. Sie bewahrt die Freundschaft und den Frieden. Du brauchst, wenn dich jemand stört oder beleidigt oder bekümmert, keine Moralpredigten zu halten. Das macht die Fabel für dich. Du musst niemanden angreifen und mit ihm streiten. Du erzählst eine Geschichte. Eine Fabel. Sie spricht für dich. Sie mahnt. Sie neckt. Sie bringt euch vielleicht alle beide zum Lachen. Sie tanzt manchmal im Rhythmus des Verses. Sie prägt sich oft ein durch den Reim. Sie kommt im Gewand eines Märchens oder einer Minigeschichte. Sie kann auch so knapp und knackig sein wie ein Werbespruch.

Viele Fabeln sind älter als die Schrift und das Buch, weil Menschen wohl schon immer so etwas Drittes gebraucht haben, und das Personal, die Tiere in Menschengestalt, war ihnen in der Geburtszeit der Fabeln näher als heute. Man konnte im eigenen Hühnerhof erfahren, wie dumm die Pute und wie schlau der Fuchs war, lebte mit Hütehunden und Naschkätzchen, kannte die Kraft des Ackergauls, wusste aber auch, dass er manchmal vor einem winzigen Mausekerlchen scheute.

Jedes Jahrhundert, viele Dichter, jede Familie haben zu diesem Schatz von Fabeln neue hinzugefügt. Warum sollte es heute die Straßenbahn nicht eines Tages satt haben, immer auf denselben Gleisen zu rollen. Was dann geschah? Und die Moral von der Geschicht? Erzähl's doch weiter! Schreib es auf und leg die neue Fabel in dieses Buch. Oder wär' dir die Fabel von der Katze lieber, die kein Dosenfutter mag und sich lieber Mäuse gekauft hätte? In diesem Sinne: viel Vergnügen bei allen Fabeln der Welt!

Sybil Gräfin Schönfeldt

Der Tanzbär • Gotthold Ephraim Lessing

Ein Tanzbär war der Kett' entrissen,
Kam wieder in den Wald zurück
Und tanzte seiner Schar ein Meisterstück
Auf den gewohnten Hinterfüßen.
„Seht", schrie er, „das ist Kunst. Das lernt man in der Welt.
Tut mir es nach, wenn's euch gefällt
Und wenn ihr könnt!" – „Geh", brummt ein alter Bär,
„Dergleichen Kunst, sie sei so schwer,
Sie sei so rar sie sei,
Zeigt deinen niedern Geist und deine Sklaverei."

Ein großer Hofmann sein,
Ein Mann, dem Schmeichelei und List
Statt Witz und Tugend ist,
Der durch Kabalen steigt, des Fürsten Gunst erstiehlt,
Mit Wort und Schwur als Komplimenten spielt,
Ein solcher Mann, ein großer Hofmann sein,
Schließt das Lob oder Tadel ein?

Fink und Frosch • Wilhelm Busch

Auf leichten Schwingen frei und flink
Zum Lindenwipfel flog der Fink
Und sang an dieser hohen Stelle
Sein Morgenlied so glockenhelle.
Ein Frosch, ein dicker, der im Grase
Am Boden hockt, erhob die Nase,
Strich selbstgefällig seinen Bauch
Und denkt: ‚Die Künste kann ich auch.'
Alsbald am rauen Stamm der Linde
Begann er, wenn auch nicht geschwinde,
Doch mit Erfolg emporzusteigen,
Bis er zuletzt von Zweig zu Zweigen,
Wobei er freilich etwas keucht,
Den höchsten Wipfelpunkt erreicht
Und hier sein allerschönstes Quaken
Ertönen lässt aus vollen Backen.
Der Fink, dem dieser Wettgesang
Nicht recht gefällt, entfloh und schwang
Sich auf das steile Kirchendach.
„Wart", rief der Frosch, „ich komme nach."
Und richtig ist er fortgeflogen,
Das heißt, nach unten hin im Bogen,
Sodass er schnell und ohne Säumen,
Nach mehr als zwanzig Purzelbäumen,
Zur Erde kam mit lautem Quak,
Nicht ohne großes Unbehagen.
Er fiel zum Glück auf seinen Magen,
Den dicken, weichen Futtersack,
Sonst hätt' er sicher sich verletzt.
Heil ihm! Er hat es durchgesetzt.

Das Chamäleon und der Elefant • aus Afrika

Eines Tages forderte das Chamäleon den Elefanten zum Wettlauf auf. Der Elefant nahm die Herausforderung an und sie beschlossen am nächsten Morgen loszulaufen. Während der Nacht verteilte das Chamäleon viele seiner Brüder in kurzer Entfernung entlang des Weges. Als der Morgen graute, erschien der Elefant und fing gleich zu laufen an. Das Chamäleon stieg hurtig auf den Schwanz des Elefanten.

Jedes Mal wenn der Elefant auf ein Chamäleon traf, fragte er: „Bist du nicht müde?"

„Nein!", antwortete das jeweilige Chamäleon und begann dann erst, die ihm zugewiesene Wegstrecke abzulaufen.

Zuletzt blieb der Elefant atemlos und müde stehen und erklärte sich für besiegt.

Der Zaunkönig und der Bär • Brüder Grimm

Zur Sommerzeit gingen einmal der Bär und der Wolf im Wald spazieren. Da hörte der Bär so schönen Gesang von einem Vogel und sprach: „Bruder Wolf, was ist das für ein Vogel, der so schön singt?"

„Das ist der König der Vögel", sagte der Wolf, „vor dem müssen wir uns neigen." Es war aber der Zaunkönig.

„Wenn das ist", sagte der Bär, „so möcht ich auch gerne seinen königlichen Palast sehen, komm und führe mich hin!"

„Das geht nicht so, wie du meinst", sprach der Wolf, „du musst warten, bis die Frau Königin kommt."

Bald darauf kam die Frau Königin und hatte Futter im Schnabel und der Herr König auch, und wollten ihre Jungen füttern. Der Bär wäre gerne nun gleich hinterdrein gegangen, aber der Wolf hielt ihn am Ärmel und sagte: „Nein, du musst warten, bis Herr und Frau Königin wieder fort sind."

Also nahmen sie das Loch in acht, wo das Nest stand, und trabten wieder ab. Der Bär aber hatte keine Ruhe, wollte den königlichen Palast sehen und ging nach einer kurzen Weile wieder vor. Da waren König und Königin richtig ausgeflogen: Er guckte hinein und sah fünf oder sechs Junge, die lagen darin.

„Ist das der königliche Palast?", rief der Bär, „das ist ein erbärmlicher Palast! Ihr seid auch keine Königskinder, ihr seid unehrliche Kinder!"

Wie das die jungen Zaunkönige hörten, wurden sie gewaltig bös und schrien: „Nein, das sind wir nicht, unsere Eltern sind ehrliche Leute. Bär, das soll ausgemacht werden mit dir."

Dem Bär und dem Wolf ward angst, sie kehrten um und setzten sich in ihre Höhlen.

Die jungen Zaunkönige aber schrien und lärmten fort, und als ihre Eltern wieder Futter brachten, sagten sie: „Wir rühren kein Fliegenbeinchen an, und sollten wir verhungern, bis ihr erst ausgemacht habt, ob wir ehrliche Kinder sind oder nicht: Der Bär ist dagewesen und hat uns gescholten."

Da sagte der alte König: „Seid nur ruhig, das soll ausgemacht werden." Flog darauf mit der Frau Königin dem Bären vor seine Höhle und rief hinein: „Alter

Brummbär, warum hast du meine Kinder gescholten? Das soll dir übel bekommen, das wollen wir in einem blutigen Krieg ausmachen."

Also war dem Bären der Krieg angekündigt und ward alles vierfüßige Getier berufen, Ochs, Esel, Rind, Hirsch, Reh und was die Erde sonst alles trägt. Der Zaunkönig aber berief alles, was in der Luft fliegt – nicht allein die Vögel, groß und klein, sondern auch die Mücken, Hornissen, Bienen und Fliegen mussten herbei.

Als nun die Zeit kam, wo der Krieg angehen sollte, da schickte der Zaunkönig Kundschafter aus, wer der kommandierende General des Feindes wäre. Die Mücke war die listigste von allen, schwärmte im Wald, wo der Feind sich versammelte, und setzte sich endlich unter ein Blatt auf den Baum, wo die Parole ausgegeben wurde. Da stand der Bär, rief den Fuchs vor sich und sprach: „Fuchs, du bist der schlaueste unter allem Getier, du sollst General sein und uns anführen."

„Gut", sagte der Fuchs, „aber was für Zeichen wollen wir verabreden?"

Niemand wusste es.

Da sprach der Fuchs: „Ich habe einen schönen, langen, buschigen Schwanz, der sieht aus fast wie ein roter Federbusch. Wenn ich den Schwanz in die Höhe halte, so geht die Sache gut und ihr müsst darauf losmarschieren. Lass ich ihn aber herunterhängen, so lauft, was ihr könnt!"

Als die Mücke das gehört hatte, flog sie wieder heim und verriet dem Zaunkönig alles haarklein.

Als der Tag anbrach, wo die Schlacht sollte geliefert werden, hu, da kam das vierfüßige Getier dahergerannt mit Gebraus, dass die Erde zitterte. Zaunkönig mit seiner Armee kam auch durch die Luft daher, die schnurrte, schrie und schwärmte, dass einem angst und bange ward, und gingen sie da von beiden Seiten aneinander. Der Zaunkönig aber schickte die Hornisse hinab, sie sollte sich dem Fuchs unter den Schwanz setzen und aus Leibeskräften stechen.

Wie nun der Fuchs den ersten Stich bekam, zuckte er, dass er das eine Bein aufhob, doch ertrug er's und hielt den Schwanz noch in der Höhe. Beim zweiten

Stich musste er ihn einen Augenblick herunterlassen. Beim dritten aber konnte er sich nicht mehr halten, schrie und nahm den Schwanz zwischen die Beine. Wie das die Tiere sahen, meinten sie, alles wäre verloren, und fingen an zu laufen, jeder in seine Höhle – und hatten die Vögel die Schlacht gewonnen.

Da flogen der Herr König und die Frau Königin heim zu ihren Kindern und riefen: „Kinder, seid fröhlich, esst und trinkt nach Herzenslust, wir haben den Krieg gewonnen!"

Die jungen Zaunkönige aber sagten: „Noch essen wir nicht, der Bär soll erst vors Nest kommen und Abbitte tun und soll sagen, dass wir ehrliche Kinder sind."

Da flog der Zaunkönig vor das Loch des Bären und rief: „Brummbär, du sollst vor das Nest zu meinen Kindern gehen und Abbitte tun und sagen, dass sie ehrliche Kinder sind, sonst sollen dir die Rippen im Leib zertreten werden!"

Da kroch der Bär in der größten Angst hin und tat Abbitte. Jetzt waren die jungen Zaunkönige erst zufrieden, setzten sich zusammen, aßen und tranken und machten sich lustig bis in die späte Nacht hinein.

Der Affe und die Erbsen • nach Leo Tolstoi

Ein Affe hatte sich eine Handvoll Suppenerbsen aus der Küche gestohlen und spielte damit. Eine Erbse rutschte ihm aus der Hand und kullerte davon. Der Affe griff hastig nach ihr und dabei rollten ihm ein paar andere Erbsen davon. Der Affe kreischte vor Ungeduld und wollte diese Erbsen wieder erwischen. Dabei rollten ihm noch mehr davon.
Da packte den Affen die Wut: Er warf die letzten Erbsen hinterher und rannte fort.

Der Fuchs und die Weintrauben • Jean de La Fontaine

Der Fuchs, der aus Gascogne war oder Normandie,
Halbtot vor Hunger schon, sah hoch einst am Spalier
Weintrauben, reif erschienen die
Mit ihrer braunen Bäckchen Zier.
Oh, wie nach diesem Schmaus der Fuchs Verlangen trug!
Doch da er sie nicht konnt' erreichen,
Sprach er: „Sie sind zu grün, für Buben gut genug."
War's besser nicht als klagend weichen?

Der Naturalist • nach Gotthold Ephraim Lessing

Ein Mann, der das Namensregister der Natur vollkommen verinnerlicht hatte, jede Pflanze und jedes dieser Pflanze eigene Insekt zu nennen wusste und dies auf mehr als eine Art, ein Mann, der den ganzen Tag Steine auflas, Schmetterlingen nachlief und seine Beute mit einer recht gelehrten Unempfindlichkeit aufspießte – dieser Mann durchjagte den Wald und verweilte bei einem Ameisenhaufen. Er fing an darin zu wühlen, durchsuchte ihren gesammelten Vorrat, betrachtete ihre Eier, von denen er einige unter sein Mikroskop legte, und richtete, mit einem Wort, in diesem Staate der Emsigkeit und Vorsicht keine geringe Verwüstung an. Unterdessen wagte es eine Ameise, ihn anzusprechen.

„Bist du nicht etwa gar einer von den Faulen", sprach sie, „die Salomo zu uns schickt, dass sie unsere Lebensweise sehen und von uns Fleiß und Arbeit lernen sollen?"

Die alberne Ameise, einen Naturalisten für einen Faulen zu halten.

Der Löwe und die Maus, die eine Wohltat erwidert • Äsop

Eine Maus lief über den Körper eines schlafenden Löwen. Der richtete sich auf und packte sie und war im Begriff, sie zu fressen. Sie aber bat ihn, sie laufen zu lassen, und sagte, dass sie ihm für ihre Rettung Dank abstatten werde. Da lachte der Löwe und ließ sie frei.
Es geschah aber, dass er nach gar nicht allzu langer Zeit durch die Hilfe der Maus gerettet wurde:

Als er nämlich von einigen Jägern gefangen und mit einem Strick an einem Baum gefesselt worden war, da hörte ihn die Maus klagen, kam herbei, zernagte den Strick und befreite ihn mit den Worten: „Damals hast du mich ausgelacht, weil du ja nicht erwarten konntest, dass ich mich revanchieren würde. Jetzt aber weißt du wohl, dass es auch bei den Mäusen Dank gibt."
Die Fabel zeigt, dass durch die Wechselfälle des Schicksals auch die Übermächtigen der Schwächeren bedürfen.

Der Hahn und der Fuchs • Jean de La Fontaine

Als Schildwach sitzet hoch auf eines Baumes Zweigen
Ein alter Hahn, der klug rings um sich schaut.
„O Bruder", spricht zu ihm ein Fuchs mit süßem Laut,
„All unser Streit kommt nun zum Schweigen,
Wir leben fortan holdvertraut.
Ich bring die Nachricht dir. Komm, dass ich dich umarme.
Lass mich nicht warten hier im Harme.
An zwanzig hab ich heut die Nachricht noch zu bringen.
Hol sie dir, denn herab dich schwingen
Kannst du getrost und sorgenfrei,
Wir stehn uns nun als Brüder bei.
Zur Nacht lasst Freudenfeuer prangen,
Indessen komm, um zu empfangen
Der brüderlichen Liebe Kuss."
„O Freund", spricht drauf der Hahn, „noch nie verschaffte mir
Wohl eine Nachricht je so freudigen Genuss
Als dieser Gruß
Des Friedens hier.
Und doppelt hat er mich erquickt,
Da du ihn mir gebracht. Zwei Hunde sehe ich,
Die als Kuriere sicherlich
In dieser Sache sind geschickt,
Sie laufen so, dass sie sogleich bei uns sein müssen,
Ich komm, wir können uns dann friedlich alle küssen."
„Leb wohl", ruft drauf der Fuchs. „Mein Weg ist gar so weit,
Wir können des Erfolgs zu einer andern Zeit
Uns besser freun." Der Tapfre darauf zieht
Die Hosen hoch, und er entflieht,
Bös, dass sein Kriegsplan ihm misslang.
Der alte Hahn, der ihn so bang
Entlaufen sieht, lacht vor Vergnügen.
Denn doppelt macht es Spaß, Betrüger zu betrügen.

Der Adler, die Dohle und der Hirte • Äsop

Ein Adler stieß von seinem hohen Felsen herab und packte ein Lamm. Eine Dohle sah ihn und wollte es ihm aus Neid gleichtun. Und so sauste sie mit viel Getöse herab und stürmte auf einen Widder los. Weil ihre Krallen sich aber in der Wolle verfingen, konnte sie sich nicht mehr erheben und flatterte hilflos.
Da bemerkte der Hirte, was geschehen war, lief herbei, ergriff sie und stutzte ihr die Schwungfedern. Als es Abend wurde, brachte er sie seinen Kindern mit. Als die ihn fragten, was denn das für ein Vögelchen sei, sagte er: „Ich weiß genau, dass es eine Dohle ist, sie selber möchte aber ein Adler sein."
So richtet man im Wettstreit mit Überlegenen nichts aus und erntet noch zusätzlich für sein Missgeschick Gelächter.

Der stolze Schmetterling • aus dem Sudan

Ein wunderschöner Schmetterling umflatterte eine duftende Blume. Da bemerkte er eine hässliche Raupe, die im Staube dahinkroch. Verächtlich rief der Schmetterling ihr zu: „Wie darfst du es wagen, dich in meiner Nähe sehen zu lassen? Fort mit dir! Sieh, ich bin schön und strahlend wie die Sonne, und meine Schwingen tragen mich hoch in die Lüfte, während du auf der Erde umherkriechst. Fort, wir haben nichts miteinander zu schaffen!"
„Dein Stolz, du bunter Schmetterling, steht dir schlecht an", erwiderte die Raupe ruhig. „All deine Farbenpracht gibt dir nicht das Recht, mich zu verachten. Wir sind und bleiben Verwandte, so schmähst du dich also selbst. Bist du nicht früher eine Raupe gewesen? Und werden deine Kinder nicht Raupen sein wie du und ich?!"

Die Bienen und Zeus • Äsop

Die Bienen neideten den Menschen ihren Honig. Deshalb kamen sie zu Zeus und baten ihn, dass er ihnen Kraft verleihe, denjenigen, die ihnen ihre Waben herausnehmen wollten, mit ihren Stacheln zuzusetzen. Doch Zeus ärgerte sich über ihre Missgunst und richtete es so ein, dass sie, wenn sie jemanden stechen, ihren Stachel verlieren, danach aber auch ihr Leben.
Diese Fabel passt wohl auf missgünstige Menschen, die es sogar in Kauf nehmen, sich selbst zu schaden.

Als die Katze nicht zu Hause war • aus Nordamerika

Den ganzen Tag war in Küche und Speisekammer ein munteres Treiben, denn die Katze war nicht zu Hause und die Mäuse vergnügten sich mit lustigen Spielen. Dann aber kam die Katze zurück.

„Achtung, die Katze", warnte Vater Maus.

„Schnell, versteckt euch!", befahl Mutter Maus, und alle Mäuse – mit einer Ausnahme – schlüpften hastig in die Ritzen der Wandtäfelung.

Die Ausnahme war ein frecher Mäusejunge namens Mervyn. Er hatte einmal einer Bulldogge ins Ohr gezwickt und war mit heiler Haut davongekommen. Mervyn wusste nicht, dass die Bulldogge ausgestopft war, und glaubte, sie besiegt zu haben.

Es spielt keine Rolle, wo die Katze – ihr Name war übrigens Kralletta – den Tag verbracht hatte. Jedenfalls kam sie zurück und sah mit Erstaunen, dass Mervyn in der Speisekammer saß und unbekümmert an einer Käserinde nagte. Sie näherte sich ihm auf leisen Sohlen. Doch plötzlich drehte sich die kleine Maus um, spuckte der Katze eine Käsekrume ins Auge und überschüttete sie mit schlimmen Beleidigungen.

„Wer hat dich denn aus dem Sack gelassen?", erkundigte sich Mervyn hochnäsig. „Schleich hier nicht um den heißen Brei herum. Zieh dir lieber einen Pyjama an und geh schlafen." Dann wandte er sich seelenruhig wieder seiner Käserinde zu.

Die Katze wusste nicht, wie ihr geschah. ‚Bleib ganz ruhig, Kralletta', ermahnte sie sich. ‚Das ist bestimmt irgendein fauler Trick. Vielleicht will diese Maus den Märtyrer spielen und hat Gift geschluckt. Und jetzt hofft sie, dass ich sie fresse und daran sterbe. Dann würde sie in den Augen ihrer Nachkommen als Held dastehen.'

Mervyn sah aus den Augenwinkeln, dass die Katze zögerte. Also fing er an, sie zu verhöhnen. „Du dosser Dott", rief er mit übertrieben piepsiger Stimme, „die Katze ist von der Polizei und sie hat's auf mich armes Würstchen abgesehen." Er schlenkerte keck mit einem Bein. „Na komm, fang mich doch", forderte er Kralletta auf.

‚Sachte, mein Mädchen', sagte sich Kralletta. ‚Sicher ist das eine Attrappe, eine mechanische Maus mit eingebauter Stimme. Wenn ich sie fange, wird sie explodieren und mich in tausend Stücke zerreißen. Sind ja verflixt kluge Tiere, diese Mäuse. Aber mich werden sie nicht hereinlegen.'

„Wenn du etwas Mark in den Knochen hättest, könnte ich aus dir eine leckere Suppe kochen", krähte Mervyn.

Diese Beleidigung war unverzeihlich. Dennoch schlug Kralletta mit ihren Krallen nicht zu. Stattdessen drehte sie sich um, stolzierte ins Wohnzimmer, legte sich auf ihr Kissen am Kamin und schloss die Augen.

Als Mervyn in seinem Zuhause hinter der Wandtäfelung erschien, waren seine Eltern, seine Brüder und Schwestern, Cousins und Cousinen, Onkel und Tanten sehr erstaunt. Nie hätten sie geglaubt, ihn heil und gesund wiederzusehen. Vor Freude veranstalteten sie ein großes Familienbankett, bei dem der allerfeinste Käse serviert wurde.

„Sie hat sich nicht getraut, mir etwas zu tun", prahlte Mervyn. „Kein Haar hat sie mir gekrümmt. Ich könnte es mit allen Katzen der Welt aufnehmen." Er verzehrte seinen Käse, ging zu Bett und schlief sofort ein.

Der Hase und die Frösche • Jean de La Fontaine

Ein Hase träumte in seinem Lager
(Was soll man anders wohl in einem Lager tun?),
Der Langeweile dort, der fürchterlichen, pflegte er.
Trübselig ist dies Tier, die Furcht lässt es nicht ruhn.
„Wie sind, die stets in Angst erschauern",
Sprach er, „so sehr doch zu bedauern!
Nie können zum Genuss beim Essen sie gelangen,
Zu reiner Freude nie, und nie sind sie im Hafen.
So lebe ich dahin. Ja, das verdammte Bangen
Lässt mich nicht anders als mit offnen Augen schlafen.
Den Rat: ‚Gewöhnt's euch ab!', einmal ein Weiser gab.
Allein gewöhnet Furcht sich ab?
Ich glaube auch, es fürchten sich
Die Menschen grade so wie ich."
So meint der Hase und er wittert
Indes und spähet scharf umher.
Denn zweifelnd, unruhevoll ist er,
Ein Hauch, ein Schatten nur, ein Nichts macht, dass er zittert.
Das melanchol'sche Vieh nun hört,
Indem es also grübelnd sinnt,
Ein leicht Geräusch, ihm ein Signal, dass aufgestört
Es aus dem Lager flieht geschwind.
An einen Teich hin springt er, ohne auszuruh'n.
Da stürzen Frösche sich kopfüber in die Welle
Und Frösche kriechen tief in ihre Löcher schnelle.
„Oh", spricht er, „ich mach andre tun,
Was man mich tun macht! Wie erschreckt
Auch meine Gegenwart! Auf stör ich alles nun!
Was hat die Tapferkeit erweckt?
Wie zitternd birgt vor mir sich dieser Frösche Chor!
Da bin ich ja ein Kriegsheld!
Wohl keinen Feigling gibt es auf der Erdenwelt,
Dem nicht ein Feigerer es täte noch zuvor."

Wie das Kamel seinen Buckel bekam • Rudyard Kipling

Am Anfang der Zeiten, als die Welt noch neu und nett war und die Tiere gerade anfingen, für die Menschen zu arbeiten, lebte ein Kamel, und es hatte seine Wohnung mitten in der Wüste, wo alle nichtsnutzigen Tiere lärmten und heulten. Es war nämlich auch faul und wollte nicht arbeiten, und außerdem machte es ihm Spaß, mitzuheulen. So nährte es sich von Zweigen und Dornen und Tamarinden und Pflanzenmilch und war unverschämt faul.

Wenn jemand mit ihm sprach, sagte es „Rutsch mir den Buckel –", nichts weiter als: „Rutsch mir den Buckel –", und keinen Ton mehr.

Da erschien am Montagmorgen das Pferd, aufgezäumt und mit dem Sattel auf dem Rücken, und sagte: „Kamel, o du Kamel, komm und mach deinen Trab wie wir anderen."

„Rutsch mir den Buckel –", sagte das Kamel, und das Pferd ging fort und erzählte alles dem Menschen.

Da kam der Hund mit einem Stock im Maul und sagte: „Kamel, o du Kamel, komm und such Stöckchen wie wir anderen."

„Rutsch mir den Buckel –", sagte das Kamel, und der Hund ging fort und erzählte alles dem Menschen.

Da kam der Ochse mit dem Joch auf dem Nacken und sagte: „Kamel, o du Kamel, komm und zieh den Pflug wie wir anderen."

„Rutsch mir den Buckel –", sagte das Kamel, und der Ochse ging fort und erzählte alles dem Menschen.

Am Abend dieses Tages versammelte der Mensch das Pferd und den Hund und den Ochsen um sich und sprach: „Ihr drei, o ihr drei, wie leid ihr mir tut, wo die Welt so neu und nett ist! Aber das Buckelvieh in der Wüste kann scheinbar nicht arbeiten, denn sonst wäre es mittlerweile hier aufgetaucht. Also muss ich es laufen lassen und ihr müsst dafür die doppelte Arbeit tun."

Darüber waren die drei sehr verstimmt (wo die Welt so neu und nett war) und sie hielten ihren Kriegsrat ab. Und eine Sitzung. Und eine Zusammenkunft. Und einen Dreimännertag am Rande der Wüste.

Da kam das Kamel und käute seine Pflanzenmilch wieder mit einer geradezu unverschämten Faulheit und lachte sie aus. Dann sagte es: „Rutsch mir den Buckel –" und ging wieder fort.

Da kam der Wüstengeist Dschinn, der die Oberaufsicht über alle Wüsten führt, in einer Staubwolke herangerollt (Dschinns pflegen immer auf diese Art zu reisen, weil das zu ihrer Zaubermacht gehört), und er hielt bei dem Kriegsrat und dem Dreimännertag an.

„Dschinn aller Wüsten", sagte das Pferd, „ist es gerecht, dass jemand faul und untätig sein will, wo die Welt so neu und nett ist?"

„Nein, mitnichten", sagte der Dschinn.

„Also schön", sagte das Pferd, „da gibt es ein Vieh mitten in der Wüste, mit langen Beinen und langem Hals, und das hat seit Montag keinen Finger gerührt! Es will sich nicht in Trab setzen."

„Hui", pfiff der Dschinn und sagte: „Um alles Gold in Arabien: Das ist mein Kamel! Was hat es zu euch gesagt?"

„Es sagte nur: ‚Rutsch mir den Buckel –'", antwortete der Hund, „und es will keine Stöckchen suchen."

„Hat es sonst noch etwas gesagt?"

„Nichts als ‚Rutsch mir den Buckel –' und es will keinen Pflug ziehen", sagte der Ochse.

„Ausgezeichnet", sagte der Dschinn, „ich werde ihm was buckeln, wenn ihr die Güte haben wollt, euch einen Augenblick zu gedulden."

Der Dschinn wickelte sich fest in eine Staubwolke ein und machte einen Aufklärungsflug über die Wüste und entdeckte das Kamel, wie es gerade unverschämt faul war und in einem Tümpel sein Spiegelbild betrachtete.

„Mein langbeiniger, kurz angebundener Freund", sagte der Dschinn, „was höre ich? Du willst nicht arbeiten, wo die Welt so nett und neu ist?!"

„Rutsch mir den Buckel –", sagte das Kamel.

Der Dschinn setzte sich nieder, stützte das Kinn in die Hand und begann über ein großes Zauberwerk nachzudenken, während das Kamel sein Spiegelbild in dem Tümpel betrachtete.

„Deinetwegen müssen die drei seit Montag früh Überstunden machen, und nur weil du mehr als unverschämt faul bist", sagte der Dschinn und dachte weiter über sein Zauberwerk nach, das Kinn in die Hand gestützt.

„Rutsch mir den Buckel –", sagte das Kamel.

„Das würd' ich an deiner Stelle nicht wieder sagen", entgegnete der Dschinn, „du könntest es einmal zu oft sagen. Mein wortreicher Freund, ich möchte, dass du dich zu irgendeiner Arbeit entschließt."

Da sagte das Kamel wieder: „Rutsch mir den Buckel –", aber kaum war das ausgesprochen, da fühlte es, wie aus seinem Rücken ein riesengroßer, schwabbelnder Höcker wuchs, der sich blähte und blähte.

„Siehst du jetzt", sagte der Dschinn, „das ist der Buckel, den dir die anderen herunterrutschen sollen und den du jetzt endlich bekommen hast, weil du nicht arbeiten wolltest. Heute ist Donnerstag und seit Montag, als die Arbeit anfing, hast du nichts getan! So, und jetzt geh an die Arbeit!"

„Wie kann ich", sagte das Kamel, „mit diesem Buckel auf meinem Rücken?"

„Der ist mit guter Absicht gemacht", sagte der Dschinn, „weil du nämlich drei Tage verbummelt hast. Aber von jetzt an wirst du drei Tage arbeiten können, ohne zu essen, weil du von deinem Fettbuckel leben kannst. Du wirst mir dankbar sein, dass ich es so für dich eingerichtet habe. Komm jetzt aus deiner Wüste heraus und geh zu den dreien und benimm dich. Rutsch dir selber den Buckel hinunter!"

Und das Kamel rutschte sich selber den Buckel hinunter und ging mit seinem Buckel, so neu und so nett, um sich mit den dreien zu treffen.

So kommt es, dass bis auf den heutigen Tag das Kamel einen Buckel trägt. Aber die drei Tage, die es am Anfang der Welt versäumte, hat es nie wieder eingeholt – und gelernt, sich anständig zu benehmen, hat es auch nicht.

Zweierlei Mahlzeit • Äsop

Einst lud der Fuchs den Kranich zum Mahle. Als dieser erschien, setzte er ihm in einer flachen Schüssel einen fetten, öligen Brei vor und lud ihn ein, es sich gut schmecken zu lassen. Allein der Brei rann dem Kranich aus seinem spitzen Schnabel wieder auf die Schüssel, bevor er ihn hinunterschlucken konnte. So kam er nicht nur um seine Mahlzeit, sondern machte sich auch noch lächerlich. Aber er zahlte es dem Fuchs heim, indem er ihn eines Tages auch bei sich zu Gaste lud und ihm dann eine hohe Flasche mit einem langen, engen Hals vorsetzte, auf deren Grund die verlockendsten Speisen lagen. Vergnügt steckte er selber seinen dünnen Schnabel durch den Flaschenhals und ließ es sich schmecken, während diesmal der Fuchs das Nachsehen hatte und hungrig nach Hause gehen musste.

Die alten und die jungen Frösche • Abraham a Santa Clara

Die jungen Frösche haben einmal bei warmer Sommerzeit in der Nähe einer Lache über alle Maßen gequakt und geschrien, sodass ein alter Frosch dieser abgeschmackten Musik überdrüssig geworden war und die Jungen nicht wenig gescholten hat.

„Schämt euch, ihr grünhosenden Fratzen!", sagte er, „ihr wilden Lachendrescher, ihr hüpfenden Spitzbuben, schämt euch, dass ihr so ein verdrießlich Geschrei vollführt! Wenn ihr aber doch lustig sein wollt und frohlocken, so singt wenigstens wie die Nachtigall, welche auf dem nächsten Ast sitzt. Ihr großmäuligen Narren, könnt ihr denn nichts anderes als nur das Qua-Qua-Qua?"

„Vater", antworteten die Frösche, „das haben wir von dir gelernt."

Der Rangstreit der Tiere • Gotthold Ephraim Lessing

In vier Fabeln

I

Es entstand ein hitziger Rangstreit unter den Tieren. Ihn zu schlichten, sprach das Pferd: „Lasst uns den Menschen zu Rate ziehen. Er streitet nicht mit und kann unparteiisch sein."

„Aber hat er auch den Verstand dazu?", ließ sich ein Maulwurf hören. „Er braucht wirklich den allerfeinsten, unsere oft tief versteckten Vollkommenheiten zu erkennen."

„Das war sehr richtig gesagt!", sprach der Hamster.

„Jawohl!", rief auch der Igel. „Ich glaube es nicht, dass der Mensch Scharfsichtigkeit genug besitzt."

„Schweigt ihr!", befahl das Pferd. „Wir wissen schon: Wer sich auf den eigenen Wert am wenigsten verlassen kann, läuft Gefahr, die Einsicht seines Richters in Zweifel zu ziehen."

II

Der Mensch ward Richter.

„Noch ein Wort", rief ihm der majestätische Löwe zu, „bevor du dein Urteil fällst! Nach welcher Regel, Mensch, willst du unseren Wert bestimmen?"

„Nach welcher Regel? Nach dem Grade, ohne Zweifel", antwortete der Mensch, „in welchem ihr mir mehr oder weniger nützlich seid."

„Vortrefflich!", versetzte der beleidigte Löwe. „Wie weit würde ich alsdann unter dem Esel zu stehen kommen! Du kannst unser Richter nicht sein. Mensch! Verlass die Versammlung!"

III

Der Mensch entfernte sich.

„Nun", sprach der höhnische Maulwurf – und ihm stimmten der Hamster und der Igel wieder bei – „siehst du, Pferd? Der Löwe meint es auch, dass der Mensch unser Richter nicht sein kann. Der Löwe denkt wie wir."

„Aber aus besseren Gründen als ihr!", sagte der Löwe und warf ihnen einen verächtlichen Blick zu.

IV

Der Löwe fuhr weiter fort: „Der Rangstreit, wenn ich es recht überlege, ist ein nichtswürdiger Streit! Haltet mich für den Vornehmsten oder für den Geringsten. Es gilt mir gleich viel. Genug, ich kenne mich!"

Und so ging er aus der Versammlung. Ihm folgten der weise Elefant, der kühne Tiger, der ernsthafte Bär, der kluge Fuchs, das edle Pferd – kurz, alle, die ihren Wert fühlten oder zu fühlen glaubten. Die sich am Letzten wegbegaben und über die zerrissene Versammlung am meisten murrten, waren – der Affe und der Esel.

Das Quartett • nach Iwan Krylow

Vier Freunde wollten Musik machen: eine Meerkatze, ein Bär, ein Ziegenbock und ein Esel. Sie beschafften sich Noten und Instrumente: eine Bassgeige, eine Bratsche, zwei Geigen, setzten sich im Grünen zurecht und schabten und kratzten drauflos. Das klang so arg, dass sie es selber merkten.

„Haltet an, Brüder!", rief die Meerkatze, „so geht das wohl nicht! Wir sitzen nicht richtig. Wir müssen einander gegenübersitzen, nur dann entsteht die rechte Harmonie."

Also nahmen sie ihre Instrumente, setzten sich so, wie es die Meerkatze gesagt hatte, und schabten und kratzten drauflos. Das klang genauso arg wie vorher und der Esel rief: „Falsch, falsch, ihr Brüder! Nicht gegenüber, nebeneinander müssen wir sitzen!"

Also nahmen sie ihre Instrumente, setzten sich in einer ordentlichen Reihe hin und schabten und kratzten drauflos. Das klang fast noch schlimmer und sie begannen sich zu streiten, was daran schuld sein könne.

Das hörte die Nachtigall und flog neugierig herbei.

„Ach", sagten die vier Musikanten, „du singst so wunderschön! Kannst du uns nicht helfen? Schau, wir haben alles – Noten und ganz neue Instrumente, wie müssen wir sitzen, damit unsere Musik so schön klingt wie dein Lied?"

Da antwortete die Nachtigall: „Ihr könnt so viele Sachen haben, wie ihr wollt, und euch setzen, wie es euch passt: Zum Musizieren gehören Talent und Fleiß zum Üben – ich singe ja seit meiner Geburt!"

Ein Vergleich • Marie von Ebner-Eschenbach

Der Maulwurfshügel sprach zum Vulkan: „Du Weichling! Was tobst du und machst die Welt zum Zeugen deiner inneren Kämpfe? Auch ich habe die meinen. Wer aber hat mich jemals Feuer speien sehen?"

Die Ameise und das Weizenkorn • nach Leonardo da Vinci

Ein Weizenkorn, das von der Ernte allein auf dem Feld übrig geblieben war, erwartete den Regen, um in die bergende Erde zurückzukehren. Eine Ameise entdeckte es, lud es auf ihren Rücken und schleppte es mit größter Anstrengung zur weit entfernten Behausung. Sie ging und ging, das Weizenkorn schien immer schwerer zu wiegen auf den müden Schultern der kleinen Ameise.
„Warum lässt du mich nicht liegen?", fragte das Korn.
Die Ameise entgegnete: „Wenn ich dich liegen lasse, werden wir keine Vorräte für diesen Winter haben. Wir Ameisen sind viele und jede von uns muss so viel in die Vorratskammer bringen, wie sie bloß kann."
„Aber ich bin nicht nur geschaffen, um gegessen zu werden", antwortete das Weizenkorn darauf. „Ich bin ein Samen, voller Lebenskraft, und meine Bestimmung ist es, eine neue Pflanze wachsen zu lassen. Höre, liebe Ameise, wir machen einen Vertrag!"
Die Ameise war dankbar, ein wenig ausruhen zu können, legte das Korn ab und fragte: „Was für ein Vertrag soll das sein?"
„Wenn du mich auf meinem Feld lässt", sagte das Korn, „und davon absiehst, mich in deine Behausung zu tragen, werde ich dir in einem Jahr hundert Körner meiner Art zurückerstatten."
Die Ameise starrte es ungläubig an.
„Ja, liebe Ameise. Glaub, was ich dir sage! Wenn du heute auf mich verzichtest, werde ich mich dir hundertfach geben: Ich werde dir hundert Weizenkörner für dein Heim schenken."
Die Ameise dachte: ‚Hundert Körner im Tausch gegen ein einziges – das ist ein Wunder.' Sie fragte das Weizenkorn: „Und wie wirst du das machen?"
„Es ist ein Geheimnis", antwortete das Korn. „Das Geheimnis des Lebens. Heb eine kleine Grube aus, begrab mich darin und komm nach einem Jahr zurück!"
Ein Jahr später kehrte die Ameise wieder zurück. Das Weizenkorn hatte sein Versprechen gehalten.

Das Pferd • Novalis

Ein Wolf sagte zu einem Pferde: „Warum bleibst du denn dem Menschen so treu, der dich doch sehr plagt, und suchst nicht lieber die Freiheit?"
„Wer würde mich wohl in der Wildnis gegen dich und deinesgleichen verteidigen", antwortete das philosophische Pferd. „Wer würde mich pflegen, wenn ich krank wäre, wo fände ich solch gutes, nahrhaftes Futter, wo einen warmen Stall? Ich lasse dir gern für das alles, was mir meine Sklaverei verschafft, dein Trugbild von Freiheit. Und selbst die Arbeit, die ich habe, ist sie Unglück?"

Der Esel, der Fuchs und der Löwe • Äsop

Ein Esel und ein Fuchs hatten sich zusammengetan und gingen auf die Jagd. Als ihnen zufällig ein Löwe begegnete, erkannte der Fuchs die drohende Gefahr. Er lief dem Löwen entgegen und versprach ihm, den Esel auszuliefern, wenn er ihm selbst Sicherheit gewähre. Der Löwe sagte, er werde ihn laufen lassen, und der Fuchs führte den Esel weiter und sorgte dafür, dass er in eine Falle geriet. Als der Löwe nun sah, dass dieser nicht fliehen konnte, packte er zuerst den Fuchs, sodann wandte er sich dem Esel zu.

Ebenso richten auch die, die ihren Partnern Fallen stellen, oft unversehens sich selbst zugrunde.

Der Affe als Fischer • Babrios

Das Nachahmen gehört zur Natur des Affen. Einmal stand nun einer am Meer und sah am Strand ein Netz zum Trocknen ausgebreitet. Das nahm er auf und bemühte sich, es in die Tiefe zu werfen. Doch als es sich ihm um den Hals gewickelt hatte, zog es den Affen mit sich in den Abgrund.
Da rief er, dem Tode nah: „Man sollte lassen, was man nicht gelernt hat!"

Diplomatischer Rat • Franz Grillparzer

Ein Marder fraß die Hühner gern,
Doch wusst' er nicht, wie sie erhaschen.
Er fragt den Fuchs, 'nen alten Herrn,
Dem Steifheit schon verbot das Naschen.
Der sagt ihm: „Freund, der Rat ist alt.
Was hilft's zu zögern?! Brauch Gewalt!"
Der Marder stürmt in vollem Lauf.

Die Hühner aber flattern auf,
Die einen gackernd, kreischend jene,
Gerade in des Fuchses Zähne,
Der gegenüber lauernd lag
Und mühlos hielt den Erntetag.
Wenn du nach Hühnern lüstern bist,
Frag keinen, der sie selbst gern frisst.

Von der Stadtmaus und der Feldmaus • Martin Luther

Eine Stadtmaus ging spazieren und kam zu einer Feldmaus. Diese lebte glücklich von Eicheln, Gerstenkörnern, Nüssen und was sie auch finden konnte.
Aber die Stadtmaus sprach: „Was willst du hier in Armut leben! Komm mit mir, ich will dir und mir die köstlichsten Speisen besorgen."
Die Feldmaus kam mit ihr in das herrliche schöne Haus, in dem die Stadtmaus wohnte, und sie gingen in die Speisekammer, die voll war mit Fleisch, Speck, Würsten, Brot, Käse und vielem mehr. Und die Stadtmaus sprach: „Nun iss und sei guter Dinge. Solche Speisen habe ich täglich im Überfluss."
Da kam der Koch und rappelte mit den Schlüsseln an der Türe. Die Mäuse erschraken und liefen davon. Die Stadtmaus fand bald ihr Loch, aber die Feldmaus wusste nicht wohin und fürchtete um ihr Leben.
Glücklicherweise ging der Koch bald wieder und die Stadtmaus sprach: „Der Schrecken ist vorüber, nun lass uns guter Dinge sein."
Die Feldmaus antwortete: „Du hast gut reden, du wusstest, wohin zu entfliehen, derweil bin ich schier vor Angst gestorben. Ich will dir sagen, was meine Meinung ist: Bleib du eine Stadtmaus und friss Würste und Speck, ich will ein armes Feldmäuslein bleiben und meine Eicheln essen. Du bist keinen Augenblick sicher vor dem Koch, vor den Katzen, vor so vielen Mäusefallen, und das ganze Haus ist dir feind. Von alledem bin ich frei und bin sicher in meinem armen Feldlöchlein."
Wer reich ist, hat viel Sorge.

Das Haselhuhn und die Schildkröte • aus Afrika

„Ich bin besser daran als du", sagte das Haselhuhn zur Schildkröte. „Ich kann rasch gehen und noch mehr – ich kann fliegen."
„Du Glückliche", antwortete die Schildkröte, „ich schleppe mich fort, und, so gut es geht, mache ich meine Geschäfte."
Nun traf es sich, dass die Menschen, um zu jagen, das Gras der Wiese anbrannten. Das wachsende Feuer engte den Kreis immer mehr ein, die Gefahr für beide Tiere war offenkundig und sicher. Die Schildkröte schleppte sich in eine kleine Grube, die durch den Fußtritt eines Elefanten ausgehöhlt war, und rettete sich so. Das Haselhuhn dagegen versuchte den Flug. Aber Rauch und Feuer ließen es herabfallen und es starb.
Wer sich allzu sehr rühmt, bleibt bei der Probe zurück.

Kleine Fabel • Franz Kafka

„Ach", sagte die Maus, „die Welt wird enger mit jedem Tag. Zuerst war sie so breit, dass ich Angst hatte, ich lief weiter und war glücklich, dass ich endlich rechts und links in der Ferne Mauern sah, aber diese langen Mauern eilen so schnell aufeinander zu, dass ich schon im letzten Zimmer bin und dort im Winkel steht die Falle, in die ich laufe."
„Du musst nur die Laufrichtung ändern", sagte die Katze und fraß sie.

Der Kürbis und der Apfelkern • Josef Guggenmos

Ein Kürbis und ein Apfelkern gingen zusammen auf die Reise. Sie waren noch nicht ganz aus dem Dorf, da saßen auf einem Baum zwei Elstern. Die eine Elster sagte zur andern: „Siehst du sie wandern? Sprich, wie findest du dieses Paar?"
Drauf sagte die andere: „Sonderbar."
Da stieß der Apfelkern den Kürbis an: „Hörst du sie reden?"
Doch der Kürbis entgegnete: „Lass sie reden, die beeden! Wenn wir auf alle Leute hören wollten, kämen wir nie ans Ziel!"
Und sie wanderten fröhlich weiter in die Welt. Der Kürbis und der Apfelkern, sie hatten einander von Herzen gern. Und das war die Hauptsache. Oder?

Äsop und der Esel • Gotthold Ephraim Lessing

Der Esel sprach zu Äsop: „Wenn du wieder ein Geschichtchen von mir erzählst, so lass mich etwas recht Vernünftiges und Sinnreiches sagen."
„Dich etwas Sinnreiches?", sagte Äsop. „Wie würde sich das anhören? Würde man nicht sagen, du seist der Sittenlehrer und ich der Esel?"

Hund und Katze • Wilhelm Busch

Miezel, eine schlaue Katze,
Molly, ein begabter Hund,
Wohnhaft an demselben Platze,
Hassten sich aus Herzensgrund.

Schon der Ausdruck ihrer Mienen,
Bei gesträubter Haarfrisur,
Zeigt es deutlich: Zwischen ihnen
Ist von Liebe keine Spur.

Doch wenn Miezel in dem Baume,
Wo sie meistens hin entwich,
Friedlich dasitzt wie im Traume,
Dann ist Molly außer sich.

Beide lebten in der Scheune,
Die gefüllt mit frischem Heu.
Alle beide hatten Kleine,
Molly zwei und Miezel drei.

Einst zur Jagd ging Miezel wieder
Auf das Feld. Da geht es bumm!
Der Herr Förster schoss sie nieder.
Ihre Lebenszeit ist um.

Oh, wie jämmerlich miauen
Die drei Kinderchen daheim.
Molly eilt, sie zu beschauen,
Und ihr Herz geht aus dem Leim.

Und sie trägt sie kurz entschlossen
Zu der eignen Lagerstatt,
Wo sie nunmehr fünf Genossen
An der Brust zu Gaste hat.

Mensch mit traurigem Gesichte,
Sprich nicht nur von Leid und Streit.
Selbst in Brehms Naturgeschichte
Findet sich Barmherzigkeit.

Nichts mehr als nichts – Die Fabel vom Gewicht einer Schneeflocke • anonym

„Sag mir, was wiegt eine Schneeflocke?", fragte die Tannenmeise die Wildtaube. „Nichts mehr als nichts", gab die zur Antwort.
„Dann muss ich dir eine wunderschöne Geschichte erzählen", sagte die Meise. „Ich saß auf dem Ast einer Fichte, dicht am Stamm, als es zu schneien anfing, nicht etwa heftig mit Sturmgebraus, nein, wie im Traum, lautlos und ohne Schwere. Da ich nichts Besseres zu tun hatte, zählte ich die Schneeflocken, die auf die Zweige und Nadeln meines Astes fielen und darauf hängen blieben. Genau 3 741 953 waren es. Als die 3 741 954 Flocke niederfiel – nichts mehr als nichts, wie du sagst –, brach der Ast ab." Damit flog die Meise davon.
Die Taube, seit Noahs Zeiten eine Spezialistin in dieser Frage, sagte zu sich nach längerem Nachdenken: „Vielleicht fehlt nur eines einzigen Menschen Stimme zum Frieden der Welt?"

Der Fuchs und die Gänse • Brüder Grimm

Eines Tages traf der Fuchs auf der Wiese eine Herde schöner, fetter Gänse. Da lachte er und sprach: „Ich komme ja wie gerufen. Ihr sitzt hübsch beisammen, so kann ich eine nach der andern auffressen."

Die Gänse gackerten vor Schreck, sprangen auf, fingen an zu jammern und kläglich um ihr Leben zu flehen.

Aber der Fuchs wollte nicht hören und sprach: „Es gibt keine Gnade, ihr müsst sterben." Endlich fasste eine der Gänse Mut und sagte: „Sollen wir armen Geschöpfe nun unser junges, frisches Leben lassen, so gestatte uns noch ein Gebet, damit wir nicht ohne Vergebung unserer Sünden sterben. Dann wollen wir uns folgsam in eine Reihe stellen, damit du dir immer die Fetteste aussuchen kannst."

„Ja", sagte der Fuchs. „Diese Bitte will ich euch gerne gewähren: Betet, ich will so lange warten."

Also begann die erste Gans ein recht langes Gebet. Sie rief immer „Ga! Ga!", und weil sie gar nicht aufhören wollte, wartete die zweite nicht, bis die Reihe an sie kam, sondern fing auch an: „Ga! Ga!" Die dritte und vierte folgten und bald gackerten sie alle zusammen. Erst wenn die Gänse ausgebetet haben, soll das Märchen weitererzählt werden. Sie beten aber noch, ohne an ein Ende zu denken.

Das Schwein, die Ziege und das Schaf • Jean de La Fontaine

Einst kam es, dass ein Schaf mit einer Ziege ward
Gefahren auf den Markt, samt einem fetten Schwein.
Nicht zum Vergnügen hat begonnen man die Fahrt,
Sie zu verkaufen fuhr man sie zur Stadt hinein.
Man ließ wahrhaftig sie nicht gehen,
Dass Tabarin sie sollten sehn.
Das Schwein schrie unterwegs für zehn,
Als ständen hinter ihm schon ganze Schlächterscharen,
Wahrhaft betäubend war das Schreien von dem Vieh.
Die andern Tiere, die so sanft und ruhig waren,
Verwunderten sich, dass es so um Hilfe schrie.
Sie sahen keinen Grund zum Zagen.
Der Fuhrmann sprach zum Schwein: „Was hast du denn zu klagen?
Du machst uns alle taub. Was hältst du keine Ruh?
Es sollten diese hier, die besser sind als du,
Dich lehren Lebensart, zum Mindesten doch Schweigen.
Sieh dieses Schaf dir an, ist es nicht still und stumm?
's ist klug und weise." – „Es ist dumm",
Erwiderte das Schwein. „Wär' ihm Voraussicht eigen,
So würde schreien es wie ich aus voller Kehle,
Und diese andere Person
Würd' schrein mit jämmerlichem Ton.
Sie meinen, dass man sie nur zur Benutzung wähle,
Die Ziege um die Milch, das Schaf ums woll'ge Vlies.
Ich weiß nicht, ob sie's recht ermessen,
Ich aber bin nur gut zum Essen,
Drum ist der Tod mir ganz gewiss.
Leb wohl mein Haus, wo ich so warm gesessen."
Das Schweinchen rechnete sich das recht klüglich aus.
Was aber half es ihm? Ist sicher uns ein Leid,
So ändern Klagen es und Furcht zu keiner Zeit.
Am klügsten ist, wer da am mindesten sieht voraus.

Die Ohren des Hasen • Jean de La Fontaine

Als ein gehörntes Tier den Löwen einst verwundet,
Hat er grimmen Zorn bekundet.
Um sich zu sichern also gleich,
Verbannte er aus seinem Reich
Die Tiere, die Gehörn an ihren Stirnen trugen.
Stier, Widder, Ziegen sah man aus der Heimat scheiden,
Die Hirsche suchten andre Weiden.
Gar schnell entfernten sich die Klugen.
Als seine Ohren nun ein Hase sah im Schatten,
Meint' er mit Zittern und mit Bangen,
Für Hörner könnte man wohl halten diese langen.
Er hielt sie so, dass sie nichts Hörnergleiches hatten.
„Leb wohl Frau Grille, ich geh in die weite Welt,
Weil meine Ohren man zuletzt für Hörner hält.
Und hätt' so kurze auch ich wie der Vogel Strauß,
Ich fürchtete es doch." Die Grille darauf lacht:
„Das sollen Hörner sein! Seh ich so dumm denn aus?
Nein, Ohren sind's, die Gott gemacht."
„Man wird sie doch für Hörner nehmen,
Für Einhörner", sprach der Furchtsame mit Grämen.
„Und reif fürs Irrenhaus würd' man mich nur erklären,
Wollt' ich darüber mich beschweren."

Die Kaninchen, die an allem schuld waren • James Thurber

Es war einmal – die jüngsten Kinder erinnern sich noch daran – eine Kaninchenfamilie, die unweit von einem Rudel Wölfe lebte. Die Wölfe erklärten immer wieder, dass ihnen die Lebensweise der Kaninchen ganz und gar nicht gefalle. (Von ihrer eigenen Lebensweise waren die Wölfe begeistert, denn das war die einzig richtige.) Eines Nachts fanden mehrere Wölfe bei einem Erdbeben den Tod, und die Schuld daran wurde den Kaninchen zugeschoben, die ja, wie jedermann weiß, mit ihren Hinterbeinen auf den Erdboden hämmern und dadurch Erdbeben verursachen.

In einer anderen Nacht wurde einer der Wölfe vom Blitz erschlagen, und schuld daran waren wieder die Kaninchen, die ja, wie jedermann weiß, Salatfresser sind und dadurch Blitze verursachen. Die Wölfe drohten, die Kaninchen zu zivilisieren, wenn sie sich nicht anständig benähmen, und die Kaninchen beschlossen, auf eine einsame Insel zu flüchten.

Die anderen Tiere aber, die weit entfernt wohnten, redeten den Kaninchen ins Gewissen: „Ihr müsst eure Tapferkeit beweisen, indem ihr bleibt, wo ihr seid. Dies ist keine Welt für Ausreißer. Wenn die Wölfe euch angreifen, werden wir euch zu Hilfe eilen – höchstwahrscheinlich jedenfalls."

So lebten denn die Kaninchen weiterhin in der Nachbarschaft der Wölfe. Eines Tages kam eine schreckliche Überschwemmung und viele Wölfe ertranken. Daran waren die Kaninchen schuld, die ja, wie jedermann weiß, Mohrrübenknabberer mit langen Ohren sind und dadurch Überschwemmungen verursachen.

Die Wölfe fielen über die Kaninchen her – natürlich um ihnen zu helfen – und sperrten sie in eine finstere Höhle – natürlich um sie zu schützen.

Wochenlang hörte man nichts von den Kaninchen, und schließlich fragten die anderen Tiere bei den Wölfen an, was mit ihren Nachbarn geschehen sei. Die Wölfe erwiderten, die Kaninchen seien gefressen worden, und da sie gefressen worden seien, handle es sich um eine rein innere Angelegenheit. Die anderen Tiere drohten jedoch, sich unter Umständen gegen die Wölfe zusammenzuschließen, wenn die Vernichtung der Kaninchen nicht irgendwie begründet würde.

Also gaben die Wölfe einen Grund an. „Sie versuchten auszureißen", sagten die Wölfe, „und wie ihr wisst, ist dies keine Welt für Ausreißer."

Moral: Laufe – nein, galoppiere schnurstracks zur nächsten einsamen Insel.

Der tugendhafte Hund • Heinrich Heine

Ein Pudel, der mit gutem Fug
Den schönen Namen Brutus trug,
War viel berühmt im ganzen Land
Ob seiner Tugend und seinem Verstand.
Er war ein Muster der Sittlichkeit,
Der Langmut und Bescheidenheit.
Man hörte ihn loben, man hörte ihn preisen
Als einen vierfüßigen Nathan den Weisen.
Er war ein wahres Hundejuwel!
So ehrlich und treu! Eine schöne Seel!
Auch schenkte sein Herr in allen Stücken
Ihm volles Vertrauen, er konnte ihn schicken
Sogar zum Fleischer. Der edle Hund
Trug dann einen Hängekorb im Mund,
Worin der Metzger das schön gehackte
Rindfleisch, Schaffleisch, auch Schweinefleisch packte. –
Wie lieblich und lockend das Fett gerochen,
Der Brutus berührte keinen Knochen,
Und ruhig und sicher, mit stoischer Würde,
Trug er nach Hause die kostbare Bürde.

Doch unter den Hunden wird gefunden
Auch eine Menge von Lumpenhunden
– Wie unter uns –, gemeine Köter,
Tagdiebe, Neidharde, Schwerenöter,
Die ohne Sinn für sittliche Freuden
Im Sinnenrausch ihr Leben vergeuden!
Verschworen hatten sich solche Racker
Gegen den Brutus, der treu und wacker,
Mit seinem Korb im Maule, nicht
Gewichen von dem Pfad der Pflicht.
Und eines Tages, als er kam
Vom Fleischer und seinen Rückweg nahm
Nach Hause, da ward er plötzlich von allen
Verschwornen Bestien überfallen.

Da ward ihm der Korb mit dem Fleisch entrissen,
Da fielen zu Boden die leckersten Bissen,
Und fressbegierig über die Beute
Warf sich die ganze hungrige Meute. –
Brutus sah anfangs dem Schauspiel zu
Mit philosophischer Seelenruh.
Doch als er sah, dass solchermaßen
Sämtliche Hunde schmausten und fraßen,
Da nahm auch er an der Mahlzeit teil
Und speiste selbst eine Schöpsenkeul.

Moral
Auch du, mein Brutus, auch du, du frisst?
So ruft wehmütig der Moralist.
Ja, böses Beispiel kann verführen.
Und, ach! gleich allen Säugetieren,
Nicht ganz und gar vollkommen ist
Der tugendhafte Hund – er frisst!

Der Mäuserich als Freier • Marie de France

Einst hielt sich ein junger Mäuserich für schöner und klüger als seine ganze Verwandtschaft. Er beschloss daher, auf keinen Falle eine Maus in sein Nest zu führen, sondern nur die Tochter des mächtigsten Wesens auf der ganzen Erde. ‚Gewiss gibt es niemand, der stärker als die Sonne ist', dachte der Mäuseherr und so ging er zur Sonne und bat sie um ihre Tochter.

Aber die Sonne antwortete ihm: „Geh nur weiter und du wirst jemand finden, der stärker ist als ich."

„Wer könnte das sein?", staunte der Mäuserich.

„Die Wolke", antwortete die Sonne. „Wenn mich die Wolke verhüllt, so nützt mir mein Licht nichts und es bleibt düster auf der Erde."

Der Mäuserich ging daher zur Wolke und sagte: „Da du so gewaltig bist, dass selbst die Sonne nur scheinen kann, wenn du sie nicht verhüllst, so bitte ich dich, gib mir deine Tochter zur Frau, denn ich will nur die Tochter des mächtigsten Wesens auf der Erde als meine Gattin heimführen."

„Geh weiter", riet ihm die Wolke, „denn es gibt jemand, der ist mächtiger als ich."

Wieder staunte der Mäuserich. „Wer könnte das sein, starke Wolke?"

„Der Wind", flüsterte die Wolke, „er nimmt mich mit seinen gewaltigen Armen und trägt mich, wohin er will."

„Dann", sagte der Mäuserich, „will ich zum Wind gehen."

Der Mäuserich ging also zum Wind. „Die Wolke hat mich belehrt", sagte er, „dass du das gewaltigste Wesen auf der Erde bist. Du trägst sie, wohin du willst, zerstörst und zerteilst sie ganz nach deinem Willen."

Der Wind war gerade von einer Reise rund um die Erde zurückgekehrt. Er hatte die Meereswellen haushoch aufgetürmt, er hatte die hohen Bäume des Waldes geschüttelt und ein paar entwurzelt, er hatte Dächer abgetragen und die Wäsche von den Leinen der Bauersfrauen gerissen. Aber als er gerade am allerübermütigsten getobt hatte, war er auf einen alten Turm gestoßen, dem er beim besten Willen auch nicht das kleinste Steinchen aus der Mauer hatte reißen können, so fest war dieser Turm gefügt.

„Du irrst dich!", brauste er daher auf, als ihn der Mäuserich als den Mächtigsten der Erde bezeichnete. „Hier erhältst du keine Frau! Sieh hinunter auf diesen alten Turm. Er ist stärker als ich. Er stellt sich unbekümmert meiner Gewalt entgegen. Er wankt nicht und steht da, als ob es mich nicht gäbe." Der Mäuserich antwortete flink: „Von deiner Tochter will ich nichts mehr wissen. Ich muss die Tochter des mächtigsten Wesens erhalten und das scheint mir dieser Turm zu sein."

Er wandte sich also an den Turm und bat ihn um seine Tochter.
Der Turm schaute ihn prüfend von oben bis unten an und ächzte dann: „Du bist fehlgegangen! Es gibt jemand, der stärker ist als ich, er wird mich noch zu Fall bringen und ich bin machtlos gegen ihn."
„Wer könnte das sein?", fragte der Mäuserich überaus erstaunt.
„Das ist", antwortete der Turm, „die Maus!"
„Jetzt willst du mich wohl verspotten!", rief da der Mäuserich zornig.
„Keineswegs", erwiderte der Turm ernst. „Tritt her zu mir und sieh selbst! Eine Maus hat unter mir ihr Nest. Mein Mauerwerk ist nicht stark genug, sie aufzuhalten. Sie gräbt unter mir und frisst sich durch mich hindurch und ich, der große Turm, bin hilflos dieser Maus gegenüber."
„Das sind schlimme Neuigkeiten", sagte der Mäuserich. „Die Maus ist ja meine Verwandte!"
Und der Mäuserich wurde außerordentlich traurig und niedergeschlagen, als er sah, dass ihn seine Suche zurück in den Kreis seiner Familie geführt hatte. „Ich wollte höher steigen und nun muss ich zu meiner Art zurückkehren", sagte er betrübt.
„Das ist dein Schicksal", antwortete der Turm und fuhr tröstend fort: „Geh heim und lerne, jene nicht zu verachten, zu denen du gehörst. Du wirst nie eine Frau finden, die besser zu dir passt, als eine kleine Maus."

Der humorvolle Vogel • Wilhelm Busch

Es sitzt ein Vogel auf dem Leim,
Er flattert sehr und kann nicht heim.
Ein schwarzer Kater schleicht herzu,
Die Krallen scharf, die Augen gluh.
Am Baum hinauf und immer höher
Kommt er dem armen Vogel näher.

Der Vogel denkt: ‚Weil das so ist
Und weil mich doch der Kater frisst,
So will ich keine Zeit verlieren,
Will noch ein wenig tirilieren
Und lustig pfeifen wie zuvor.'
Der Vogel, scheint mir, hat Humor.

Vom Löwen und dem Hasen • aus Indien

Auf dem Berge Mandara hauste ein Löwe namens Durganta. Da dieser unaufhörlich viele Tiere mordete, vereinigten diese sich und sagten dem Löwen: „Herr, warum rottest du denn alle Tiere aus? Wir wollen dir lieber selbst täglich eins zu deiner Nahrung bringen." Der Löwe willigte ein und sie führten furchtsam ein Tier herbei. Die Wahl fiel auf einen alten Hasen.

Dieser dachte: ‚Für sein Leben muss man klug sein, wenn man hoffen will, es zu erhalten. Warum soll ich artig gegen den Löwen sein, wenn ich zu Tode geführt werde? Ganz langsam will ich mich nähern', dachte er und ging auf den Löwen zu.

Als der Löwe, der vom Hunger gepeinigt wurde, ihn sah, sagte er zornig: „Warum kommst du so schleppend hergegangen?"

„Es ist nicht meine Schuld", sagte der Hase. „Auf dem Weg wurde ich von einem anderen Löwen kräftig gepackt, und nachdem ich ihm geschworen hatte wiederzukommen, bin ich hergegangen, um dich davon zu benachrichtigen."

„Komm schnell", sagte der Löwe zornig, „und zeig mir, wo der Schändliche ist."

Der Hase nahm den Stolzen mit sich fort und ging zu einem tiefen Brunnen. Als er dahin gelangt war, zeigte er dem Löwen sein eigenes Spiegelbild in dem Brunnen und sagte: „Sieh, Herr, da ist er."

Aufgeblasen von Stolz warf sich der Löwe zornig in den Brunnen und fand den Tod.

Wer Verstand hat, der ist stark. Wie soll ein Unverständiger Kraft haben? Siehe, ein wütender Löwe wurde von einem Hasen getötet.

Warum Hund und Katze sich feind sind • aus China

Ein Mann und eine Frau hatten einen goldenen Ring. Das war ein Glücksring und wer ihn besaß, hatte immer genug zu leben. Sie wussten es aber nicht und verkauften den Ring für wenig Geld. Kaum war der Ring aus dem Hause, da wurden sie immer ärmer und wussten schließlich nicht mehr, woher sie genug zum Essen nehmen sollten. Sie hatten auch einen Hund und eine Katze, die mussten mit ihnen Hunger leiden. Da ratschlagten die Tiere miteinander, wie sie den Leuten wieder zu ihrem alten Glück verhelfen könnten. Schließlich fand der Hund einen Rat.

„Sie müssen den Ring wiederhaben", sagte er zur Katze.

Die Katze sprach: „Der Ring ist wohlverwahrt in einem Kasten, wo niemand dazu kann."

„Fange du eine Maus", sagte der Hund. „Die Maus soll den Kasten aufnagen und den Ring herausholen. Sag ihr, wenn sie nicht wolle, so beißest du sie tot, dann wird sie's schon tun." Dieser Rat gefiel der Katze und sie fing eine Maus. Nun wollte sie mit der Maus zu dem Haus, wo der Kasten stand, und der Hund ging hinterdrein. Da kamen sie an einen großen Fluss. Und weil die Katze nicht schwimmen konnte, nahm sie der Hund auf den Rücken und schwamm mit ihr hinüber. Die Katze trug die Maus zu dem Haus, wo der Kasten stand. Die Maus nagte ein Loch in den Kasten und holte den Ring heraus. Die Katze nahm den Ring ins Maul und kam zurück zu dem Strom, wo der Hund auf sie wartete und mit ihr hinüberschwamm. Dann gingen sie miteinander nach Hause, um den Glücksring ihrem Herrn und ihrer Frau zu bringen. Der Hund konnte aber nur auf der Erde laufen. Wenn ein Haus im Wege stand, so musste er immer drumherum. Die Katze aber kletterte hurtig über das Dach und so kam sie viel früher an als der Hund und brachte den Ring ihrem Herrn.

Da sagte der Herr zu seiner Frau: „Die Katze ist doch ein gutes Tier, der wollen wir immer zu essen geben und sie pflegen wie unser eigenes Kind."

Als nun der Hund zu Hause ankam, da schlugen und schalten sie ihn, weil er nicht auch geholfen habe, den Ring wieder heimzubringen. Die Katze aber saß beim Herd und schnurrte und sagte nichts. Da wurde der Hund böse auf die Katze, weil sie ihn um seinen Lohn betrogen, und wenn er sie sah, jagte er ihr nach und wollte sie packen.

Seit jenem Tage sind Hund und Katze miteinander feind.

Vom Hunde im Wasser • Martin Luther

Es lief ein Hund durch einen Strom und hatte ein Stück Fleisch im Maule. Als er aber den Schatten vom Fleisch im Wasser sah, dachte er, es wäre auch Fleisch, und schnappte gierig danach. Als er das Maul öffnete, entfiel ihm das Stück Fleisch und das Wasser führte es weg. Also verlor er beide, das Fleisch und den Schatten.
Lehre: Man soll sich begnügen mit dem, was Gott gibt. Wer das Wenige verschmäht, dem wird das Größere nicht gegeben. Wer zu viel haben will, der behält zuletzt nichts. Mancher verliert das Gewisse über dem Ungewissen.

Der Schwan, der Hecht und der Krebs • nach Iwan Krylow

Ein Schwan wollte einen Wagen ziehen und Hecht und Krebs boten ihm Hilfe an. Der Schwan bedankte sich und die drei spannten sich vor den Karren. Doch der Wagen kam nicht vom Flecke, so sehr sich jeder auch mühte und anstrengte und so leicht auch die Last war.

Denn der Schwan versuchte ständig, sich in die Lüfte zu schwingen. Der Krebs kroch mit aller Macht rückwärts und der Hecht sprang und zappelte, um in die Tiefe seines Teiches zu tauchen.

Wer hatte Schuld daran, dass der Wagen heute noch an derselben Stelle steht? Wenn unter denen, die an einem Strick ziehen, die Eintracht fehlt, können sie nichts Rechtes erreichen.

Der Krebs und seine Mutter • Äsop

„Geh nicht so krumm", so sprach zum Krebse seine Mutter, „und stell auf glattem Fels die Glieder nicht so quer!"
Darauf der Junge: „Meine Lehrerin und Mutter, geh aufrecht du voran, und wenn ich's sehe, will ich es genauso machen!"

Das Ross und der Stier • nach Gotthold Ephraim Lessing

Auf einem feurigen Ross ritt ein Kind durch die Felder und schaute sich stolz und vergnügt nach allen Seiten um. Sie kamen an einem wilden Stier vorbei. Der schnaubte verächtlich und rief dem Ross zu: „Du sollst dich was schämen! Du bist so ein starker Kerl und lässt dich von so einem Milchgesicht regieren! Ich würde das bestimmt nicht tun!"

„Ich aber wohl", entgegnete das Ross, „denn was für eine Ehre könnte es mir bringen, einen Knaben abzuwerfen?"

Die Sonne und der Wind • Johann Gottfried Herder

Einst stritten sich die Sonne und der Wind, wer von ihnen beiden der Stärkere sei, und man wurde sich einig, derjenige sollte dafür gelten, der einen Wanderer, den sie eben vor sich sahen, am ersten nötigen würde, seinen Mantel abzulegen. Sogleich begann der Wind zu stürmen. Regen und Hagelschauer unterstützten ihn. Der arme Wanderer jammerte und zagte. Aber immer fester wickelte er sich in seinen Mantel ein und setzte seinen Weg fort, so gut er konnte.
Jetzt kam die Reihe an die Sonne. Mit milder und sanfter Glut ließ sie ihre Strahlen herabfallen. Himmel und Erde wurden heiter, die Lüfte erwärmten sich. Der Wanderer vermochte den Mantel nicht länger auf seinen Schultern zu erdulden. Er warf ihn ab und erquickte sich im Schatten eines Baumes, während die Sonne sich ihres Sieges erfreute.

Der Adler und die Füchsin • Äsop

Ein Adler und eine Füchsin waren miteinander befreundet. Sie beschlossen, nahe beieinander zu wohnen, damit sie sich täglich sehen konnten. Der Adler flog auf einen sehr hohen Baum und baute dort sein Nest. Die Füchsin aber kroch in ein Gebüsch darunter und warf Junge.

Als sie nun einmal auf die Jagd gegangen war, stieß der Adler aus Mangel an Nahrung in das Gebüsch herab, packte die Jungen und verspeiste sie mit seinen Küken. Als aber die Füchsin bei ihrer Rückkehr sah, was geschehen war, empfand sie über den Tod ihrer Jungen ebenso Kummer wie über ihre Hilflosigkeit. Denn als Landtier konnte sie einen Vogel nicht verfolgen. Sie hielt sich deshalb – was den Machtlosen und Schwachen als Einziges übrig bleibt – in einiger Entfernung und verfluchte den Feind.

Es ergab sich aber für sie nach gar nicht langer Zeit eine Möglichkeit, sich für den ruchlosen Bruch der Freundschaft zu rächen: Als nämlich einige Leute eine Ziege auf dem Felde opferten, stieß der Adler herab, raubte vom Altar die angekohlten Eingeweide und trug sie empor. Als er sie in sein Nest geschafft hatte, kam heftiger Wind auf und entfachte aus dem dünnen, trockenen Reisig eine helle Flamme. Daher wurden die Küken vom Feuer erfasst, denn sie waren noch nicht flügge, und fielen auf die Erde. Und die Füchsin lief herbei und fraß sie im Angesicht des Adlers alle auf.

Die Fabel zeigt, dass diejenigen, die ein Freundschaftsbündnis verletzen, auch wenn sie der Bestrafung für ungerechte Taten wegen der Schwachheit der anderen entgehen, der göttlichen Vergeltung keinesfalls entkommen.

Die Katze und die Ratte • Jean de La Fontaine

Vier Tiere hatten einst – die Katze Fangebeute,
Die Eule Klageleid, die Ratte Maschennager
Und dann Frau Wiesel lang und hager –,
Vier tückisch bösgesinnte Leute,
In einer Fichte Stamm, dem morschenden, ihr Lager.
Wie sie darin sind, spannt der Mensch um diese Fichte
Sein Netz. Die Katze macht im ersten Morgenlichte
Sich auf, nach Beute auszugehen.
Der Dämmrung Schatten nun verhindern sie, zu sehen
Das Netz, sie fällt hinein und groß ist das Geschrei,
Weil sie in Todsgefahr. Die Ratte kommt herbei,
Sie jubelt laut, indes die andre will vergehen,
Sieht sie gefangen doch, die sie so tödlich hasst.
Die arme Katze spricht: „Du hast,
O teure Freundin, jederzeit
Mir viele Freundlichkeit erzeigt,
Komm, hilf mir aus der Not, in die Unwissenheit
Mich stürzte. Dir bin ich geneigt
Von all den Deinen nur, und nie zu nah getreten
Bin ich dir jemals, denn so zärtlich liebt' ich dich.
Und ich bereu es nicht, den Göttern danke ich.
Soeben wollt' ich gehen beten,
Wie jede fromme Katz es jeden Morgen tut.
Und nun in deiner Hand mein armes Leben ruht.
Komm, beiß die Knoten durch." – „Und welcher Dank wird mir,
Wenn ich es tue?", fragt die Ratze.
„Ich schwör ein ewig Bündnis dir",
Erwidert ihr darauf die Katze.

„Stets zur Verfügung steht hinfort dir meine Kralle
Und für dich kämpfen will ich immer gegen alle,
Das Wiesel will ich für dich fressen
Und auch die Eule nicht vergessen,
Sie hassen beide dich." – „Dummkopf", die Ratte spricht.
„Ich soll dich retten? Nein, so töricht bin ich nicht!"
Sie geht nach ihrem Loch, indessen
Wird dort das Wiesel sie gewahr.
Sie klettert höher nun, da sitzt die Eule gar.
Gefahr umringet sie, die größte reißt sie fort.
Zur Katze kehret sie zurück, zernaget dort
Erst eine Masche, dann noch mehr, bis endlich frei
Die Heuchlerin entgeht den Schlingen.
Da grade kommt der Mensch herbei.
Die Neuverbündeten drum eilen zu entspringen.
Nach ein'ger Zeit nun sieht die Katze halbverborgen
Von fern die Ratte, die gewaltig auf der Hut.
„Ach, Schwester", ruft sie, „komm, umarme mich, dein Sorgen
Beleidigt mich. Ich bin dir gut,
Du siehst doch einen Feind in mir.
Könnt' ich vergessen, dass ich dir
Nächst Gott mein Leben hab zu danken?"
Die Ratte spricht: „Könnt' ich loswerden den Gedanken
Wohl an dein Naturell? Wird Katzen je man schauen,
Durch bindenden Vertrag zur Dankbarkeit gezwungen?
Und kann man auf ein Bündnis bauen,
Das einst dem Zwang der Not entsprungen?"

Neidlose Freundschaft – Die Nachtigall und der Pfau •
Gotthold Ephraim Lessing

Eine gesellige Nachtigall fand unter den Sängern des Waldes viele Neider, aber keinen Freund. ‚Vielleicht finde ich ihn unter einer anderen Gattung', dachte sie und flog vertraulich zu dem Pfau herab.

„Schöner Pfau! Ich bewundere dich."

„Ich dich auch, liebliche Nachtigall!"

„So lass uns Freunde sein", sprach die Nachtigall weiter, „wir werden uns nicht beneiden dürfen, du bist dem Auge so angenehm wie ich dem Ohre."

Die Nachtigall und der Pfau wurden Freunde.

Der Bär als Richter • aus Finnland

Zwischen einigen Tieren, nämlich dem Wolf, dem Fuchs, der Katze und dem Hasen, entstand einmal ein Streit, und sie konnten nicht selber über die Sache einig werden. Deshalb holten sie den Bären herbei, dass er als Richter den Streit schlichten sollte. Der Bär kam und fragte die Streitenden: „Worüber habt ihr euch entzweit?"

„Wir ereiferten uns über die Frage, wie viele Auswege wohl jeder von uns hat, um in der Stunde der Gefahr das Leben retten zu können", antworteten die anderen.

„Nun, wie viele Auswege kennst du?", fragte der Bär zuerst den Wolf.

„Hundert", antwortete dieser.

„Und du?", fragte der Bär den Fuchs.

Dieser antwortete: „Tausend."

„Kennst du viele?", fragte der Bär jetzt den Hasen.

„Ich habe nur meine flinken Läufe", erwiderte dieser.

Zuletzt fragte der Bär die Katze: „Kennst du viele Auswege?"

„Nur einen einzigen", antwortete die Katze.

Da gedachte der Bär alle auf die Probe zu stellen, um zu sehen, durch welche Mittel ein Jedes in der Stunde der Gefahr sich retten würde. Er warf sich plötzlich zuerst auf den Wolf und drückte ihn halbtot. Der Fuchs machte eiligst kehrt, als er sah, wie es dem Wolfe erging. Der Bär erfasste ihn eben noch am Schwanzende, wovon der Fuchs noch heutigen Tages am Schwanz einen weißen Fleck hat. Der Hase, der flinke Läufe hatte, ergriff die Flucht und rannte davon.

Die Katze kletterte auf einen Baum und sang von oben herab: „Der hundert Auswege kennt, ward eingefangen. Der tausend Mittel weiß, ward verstümmelt. Das Langbein muss noch immer laufen. Der nur einen Ausweg hat, sitzt auf dem Baum und behauptet seinen Platz!"

So lang ist's.

Die Hähne und das Rebhuhn • Äsop

Jemand hatte Hähne auf dem Hof. Und als einmal ein zahmes Rebhuhn zum Verkauf stand, kaufte er es und brachte es nach Hause, um es mit den anderen zu halten. Die Hähne aber schlugen und verfolgten es. Das Rebhuhn war darüber traurig, weil es glaubte, es werde deshalb verachtet, weil es fremdstämmig sei. Als es aber nach kurzer Zeit sah, wie die Hähne miteinander kämpften und nicht eher voneinander abließen, als bis sie sich gegenseitig blutig geschlagen hatten, da sagte es zu sich: „Jetzt ärgere ich mich doch nicht mehr, dass ich von ihnen geschlagen werde. Denn ich sehe, dass sie sich auch gegenseitig nicht in Ruhe lassen."

Die Fabel zeigt, dass die Vernünftigen die Übergriffe ihrer Mitmenschen leichter ertragen, wenn sie sehen, dass diese auch ihre eigenen Leute nicht in Ruhe lassen.

Der Rat der Ratten • Jean de La Fontaine

Ein Kater namens Nagespeck,
Bracht' bei den Ratten große Niederlagen,
Kaum eine kam aus dem Versteck,
Weil gar zu viele er zu Grabe schon getragen.
Die wen'gen Übrigen nun hatten kargen Schmaus,
Denn keine wagte sich aus ihrem Loch heraus.
Und Nagespeck erschien der unglücksel'gen Schar
Der schlimmste Feind, ein Teufel gar.
Da zog zu seinem Hochzeitsfeste
Der Kater aus als tapfrer Freier.
Drum in der ganzen Zeit, da fern ihn hielt die Feier,
Hielt ein Kapitel ab der Ratten Überrest,
Um zu beraten in der Lage.
Die kluge Älteste meint' gleich am ersten Tage,
Das beste wär' es, wenn es möglichst bald gelänge,
Dass um des Katers Hals man eine Glocke hänge.
Wenn dann er in den Krieg würd' ziehen,
So könnten sie, gewarnt, in ihre Löcher fliehen.
Dass dies das einz'ge Mittel wär',
Meint' mit der Ältesten das ganze Rattenheer.
Heilbringend zeigte das und gut für alle sich,
Nur gar zu schwierig war's, die Glocke umzuhängen.
Die eine sprach: „Ich bin kein Narr, mich hinzudrängen."
Die andre: „Ich versteh es nicht." Man trennte sich
Ohn' Resultat. So auseinandergehen
Hab schon gar manch Kapitel ich gesehen,
Wo Mönche und sogar Domherren Stimme hatten,
Nicht nur das kleine Volk der Ratten.
Wenn sich's drum handelt, zu beraten,
Drängt sich herzu der Räte Heer.
Verlangt man aber einmal Taten,
Sieht bald man keinen einz'gen mehr.

Hirsch und Fuchs • nach Gotthold Ephraim Lessing

Reineke Fuchs streifte durch den Wald und traf den stolzen Hirsch, mit dem er sich, da keiner des anderen Feind war, gern unterhielt.

„Was bist du groß und stark!", sagte er bewundernd. „Warum fliehst du selbst vor einem Windhund? Und wenn es ein Schlachterhund wäre: Ein Stoß von deinem Geweih und der Hund läge dir tot vor deinen Füßen! Von uns Füchsen kann man keinen Mut zum Widerstand erwarten. Wir sind schwach und klein, wir müssen uns auf unsere schnellen Pfoten verlassen – aber du! Wer stärker als sein Feind ist, der braucht doch nicht zu flüchten!"

„Ja", sagte der Hirsch nachdenklich, „das klingt ganz vernünftig. So habe ich die Sache noch nie betrachtet. Also, wenn mich das nächste Mal Hund und Jäger hetzen wollen, werde ich allen mutig widerstehen!"

Da erklang in der Ferne das Jagdhorn, da bellte die Meute und schon setzten der starke Hirsch und der schwache Fuchs davon.

Die Natur ist klüger als ein kluger Kopf.

Die Stute und der Ackergaul • Leo Tolstoi

Eine hübsche Stute war Tag und Nacht auf der Weide und nie vor dem Pflug. Ein Ackergaul aber weidete nur des Nachts und musste tagsüber pflügen.
Die Stute sagte zum Ackergaul: „Warum rackerst du dich so ab? Ich an deiner Stelle würde einfach nicht hingehen. Und wenn dir der Bauer mit der Peitsche kommt, komm du ihm mit deinen Hufen!"
Am andern Morgen tat der Ackergaul genau das, was ihm die Stute geraten hatte. Und der Bauer sah, wie störrisch der Ackergaul war, und nahm die Stute ins Geschirr, ehe die recht merkte, was mit ihr geschah.

Der Adler und die Schnecke •
August Friedrich Ernst Langbein

Der Adler:
„Wie find ich dich, du träges Tier,
Auf diesem Eichenwipfel hier?
Wie kamst du her? – So rede doch!"

Die Schnecke:
„Je nun, ich kroch."

Sein hohes Ehrenamt gewann
Nicht anders mancher Schneckenmann.

Der Löwe und der Hase • Gotthold Ephraim Lessing

Ein Löwe würdigte einen drolligen Hasen seiner näheren Bekanntschaft. „Aber ist es denn wahr", fragte ihn einst der Hase, „dass, euch Löwen ein elender krähender Hahn so leicht verjagen kann?"

„Allerdings ist es wahr", antwortete der Löwe. „Und es ist eine allgemeine Anmerkung, dass wir großen Tiere durchgängig eine gewisse kleine Schwachheit an uns haben. So wirst du, zum Beispiel, von dem Elefanten gehört haben, dass ihm das Grunzen eines Schweins Schauder und Entsetzen erweckt."

„Wahrhaftig?", unterbrach ihn der Hase. „Ja, nun begreife ich auch, warum wir Hasen uns so entsetzlich vor den Hunden fürchten."

Der Wolf und die Hirten • Iwan Krylow

Ein Wolf kam einer Herde einst ganz nah
Und sah durch die Umzäunung zu,
Wie aus der Herde sich den besten Hammel kürten
Die Hirten, auszuweiden ihn in Ruh,
Indes die Hunde sich nicht rührten.
Da sprach er zu sich selbst, indem er murrend ging:
„Welch ein Lärm die Leute wohl vollführten,
Wenn ich mich dessen unterfing!"

Der Affe und der Fuchs • Gotthold Ephraim Lessing

„Nenne mir ein so geschicktes Tier, das ich nicht nachahmen könnte!" So prahlte der Affe gegen den Fuchs.
Der Fuchs aber erwiderte: „Und du nenne mir ein so geringschätziges Tier, dem es einfallen könnte, dich nachzuahmen."
Schriftsteller meiner Nation! – Muss ich mich noch deutlicher erklären?

Der Bär, der es bleiben ließ • James Thurber

In den Wäldern des fernen Westens lebte einmal ein brauner Bär, der trank gerne einen guten Tropfen, konnte es aber auch bleiben lassen. Er ging des öfteren in eine Bar, wo sie Met ausschenkten, ein gegorenes Getränk aus Honig, und nahm zwei Schoppen zu sich, nicht mehr. Dann legte er etwas Geld auf die Bar und sagte: „Sehen Sie mal zu, was die Bären im Hinterzimmer haben wollen", und ging heim.
Schließlich jedoch verfiel er selber der Gewohnheit, fast den ganzen Tag zu trinken. Er kam nach Hause gewankt, stieß den Schirmständer mit einem Fußtritt um, schlug die Hängelampe herunter und rammte die Ellenbogen in die Fensterscheiben. Dann plumpste er auf den Fußboden hin und lag dort, bis er einschlief.
Seine Frau war sehr bekümmert und seine Kinder sehr erschreckt. Mit der Zeit sah der Bär das Verfehlte seines Betragens ein, begann sich zu bessern und wurde zu guter Letzt ein berühmter Abstinenzler und unentwegter Mäßigkeitsapostel. Jedem, der ins Haus kam, predigte er über die Folgen der Trunksucht und brüstete sich damit, wie stark und gesund er geworden sei, seitdem er keinen Alkohol mehr anrühre. Um das vor Augen zu führen, machte er Kopf- und Handstand, stieß den Schirmständer mit einem Fußtritt um, schlug die Hängelampe herunter und rammte die Ellbogen in die Fensterscheiben. Dann streckte er sich, ermüdet von seinen gesunden Leibesübungen, auf den Fußboden und schlief ein. Seine Frau war sehr bekümmert und seine Kinder erschreckt.
Moral: Man kann ebenso vornüber fallen wie hintenüber.

Die Tulipane • Magnus Gottfried Lichtwer

Ein Beet, der Farben Wunderspiel,
Darin der Lenz sich selbst gefiel,
Trug eine Tulipane,
Ihr Schmuck wies Iris Farbenstrich,
Und ihr erhöhter Purpur glich
Dem Mund der Mariane.

Der West hielt selbst den Hauch zurück,
Sooft er dieses Meisterstück
Zu küssen sich erkühnte,
Sie stahl des Gärtners Herz und Sinn,
Der sie als seine Königin
Mit Zärtlichkeit bediente.

Nichts mag so schön, so kostbar sein,
Das Schicksal reißt es wieder ein.
Warum? Das ist die Frage.
Die Tulpe war kaum aufgeblüht,
Als sich der Himmel schwarz umzieht
An einem heißen Tage.

Der Nordost brüllt und mehrt die Nacht,
Das Wetter rauscht, der Donner kracht.
Kaum aber schweigt er wieder,
So fällt ein Hagel, scharf wie Glas,
Schlägt Zweig und Pflanze, Laub und Gras
Und auch die Tulpe nieder.

Der Gärtner läuft nunmehr herbei
Und findet Graus und Wüstenei,
Den Grund gerechten Schmerzens.
Er sieht sein Unglück ein und schweigt,
Bis sich der Tulpe Leichnam zeigt,
Die Blume seines Herzens.

Hilf, Flora, hilf, wie lärmt der Mann
Und tut die Schloßen* in den Bann,
Dass sie die Tulp erschlagen,
Grimm und Verzweiflung zeigt sein Blick,
Er schilt halb kindisch auf das Glück
Und hört nicht auf zu klagen.

Ein Birnbaum, den des Wetters Macht
Um Knospen, Blüte und Laub gebracht,
Der konnt' es nicht verdauen.
„Ein Blümchen", rief er, „bricht dein Herz,
Wie rührt dich nicht ein größrer Schmerz,
Uns Bäume bloß zu schauen?"

Wie? Dass du nicht in Tränen rinnst,
Dass unsre Knospen, dein Gewinst**,
Dein Brot, zu Wasser worden?
Und klagst du nicht und hast es Fug,
Um eine Blume, die nichts trug,
Willst du dich gar ermorden.

So war der Mensch zu allen Zeiten,
So ist er jung, so bleibt er alt,
Heiß ist er gegen Kleinigkeiten
Und gegen große Dinge kalt.

*   Hagelkörner
** Gewinn

Der kranke Löwe • aus Südwestafrika

Der Löwe, sagt man, war krank. Da gingen sie alle, ihn in seinen Leiden zu besuchen. Der Schakal aber ging nicht hin, weil die Spuren der Leute, die hingingen, um ihn zu besuchen, nicht wieder zurückkehrten. Da wurde er von der Hyäne bei dem Löwen verklagt. „Obschon ich gekommen bin, dich zu besuchen, will doch der Schakal nicht kommen, dich in deinen Leiden zu besuchen."

Da schickte der Löwe die Hyäne, um den Schakal zu fangen. Das tat sie und brachte ihn vor den Löwen.

Der Löwe fragte den Schakal: „Warum kamst du denn nicht, nach mir zu sehen?"
Der Schakal gab zur Antwort: „Bitte, lieber Onkel – als ich hörte, dass du so schwer krank seiest, ging ich zum Zauberdoktor, um Rat zu holen und ihn zu fragen, was für eine Arznei meinem Onkel von seinen Schmerzen helfen würde. Der Doktor aber sagte so zu mir: ‚Geh und sage deinem Onkel, er möge die Hyäne ergreifen, ihr das Fell abziehen und, wenn es noch warm wäre, es anlegen. Dann werde es besser werden.' Die Hyäne ist so nichtsnutzig, dass sie sich gar nicht um die Leiden meines Onkels kümmert."

Der Löwe folgte diesem Rat, ergriff die Hyäne, zog ihr, während sie aus Leibeskräften heulte, das Fell über die Ohren und legte es an.

Die Krähe und der Kranich • aus Australien

Vor langer Zeit, als die Erde noch ganz jung war, lebte an einem Teich, auf dem wunderschöne Seerosen schwammen, ein graugefiederter Kranich. Mücken, Fliegen und bunte Schmetterlinge schwirrten um ihn herum. Schnecken krochen von Blatt zu Blatt. Würmer durchwühlten die Erde und Eidechsen huschten durchs Gras. Der Kranich lebte wie in einem Paradies. Das Quaken der Frösche im Teich war Musik in seinen Ohren, denn es erinnerte ihn ständig an köstliche Festessen. Jeden Tag wählte sich der anspruchsvolle Feinschmecker eine andere Speise.

Doch es gab auch Zeiten, in denen der Kranich nur Pflanzenkost zu sich nahm. Die unzähligen Kräuter, Blüten und Gräser, von denen er umgeben war, forderten ihn geradezu heraus, von der reichlichen Auswahl ein erlesenes grünes Menü zusammenzustellen. Damals besaßen die Tiere noch das Feuer, und der Kranich liebte es ganz besonders, Frösche und Fische in glühender Asche zu rösten.

Eines Mittags, als er wieder einmal einige gute Bissen in der heißen Asche liegen hatte, flog eine Krähe herbei, die den Kranich schon eine Weile beobachtet hatte, und bat ihn um einen Fisch.

„Du musst noch ein wenig warten", antwortete der Kranich und fächelte mit seinen breiten Schwingen dem glimmenden Feuer etwas Luft zu. „Es dauert nur noch ein paar Flügelschläge, dann sind die Fische gar."

Die Krähe schaute gierig in die Glut, wo die Fische lagen, und hopste ungeduldig auf und ab. „Jetzt sind sie aber gut!", entschied sie und wollte sich mit einem Stock einen wohlduftenden Bissen aus der Asche angeln – sie war so vorsichtig, weil sie ihr Kleid nicht beschmutzen wollte, denn in jener Zeit besaßen die Krähen noch schneeweiße Federn.

„Weißfeder!", schimpfte der Kranich, der sich in seiner Ehre als Koch gekränkt fühlte. „Du wirst wohl noch warten können, bis ich dir ein paar Fische anbiete. Sie sind noch nicht fertig!"

Die gefräßige Krähe versuchte mit allen Mitteln, den Kranich davon zu überzeugen, dass die Fische halb gar am besten schmecken. Dabei fiel dem Kranich etwas ein, und er stellte kennerhaft fest: „Am besten schmecken sie mit Dillkraut und Salbei." Und er wendete sich vom Feuer weg, um ein paar Kräuter zu pflücken.

Die Krähe, die es nicht erwarten konnte, nützte diesen Augenblick und ergriff den Stock. Flink stocherte sie einen Fisch aus der Asche. Als der Kranich das sah, wurde er sehr böse. Er nahm den Fisch, den die Krähe sich stehlen wollte, und schlug damit nach ihrem weißen Köpfchen.

Entsetzt wich die Krähe zurück, stolperte und flog in die schwarze Asche. Sie schrie vor Wut und Angst und konnte sich nicht sofort wieder aufrappeln. Der Kranich zog sie wortlos heraus. Mit leerem Magen und die Federn voller Asche eilte sie laut schimpfend davon.

Seit dieser Zeit haben alle Krähen ein dunkles Gefieder. Die Krähe konnte es nicht überwinden, dass sie wegen einer solchen Kleinigkeit ihre weiße Federpracht einbüßen musste. Und so sann sie auf Rache.

Eines Nachmittags, als der Kranich nach einer reichlichen Mahlzeit am Ufer des Teiches ein Schläfchen hielt und behaglich schnarchte, schlich sich die Krähe leise heran. Sie packte eine der abgenagten Fischgräten und steckte sie dem Kranich ganz vorsichtig in den halbgeöffneten Schnabel. Dann flog sie lautlos in einen dichtbelaubten Baum und linste in schadenfroher Erwartung zu dem ahnungslosen Schläfer hinüber.

Endlich erwachte der Kranich. Er reckte sich genüsslich und sperrte weit den Schnabel auf, um kräftig zu gähnen. Sofort fühlte er ein Kratzen und Stechen im Hals. Er spuckte und würgte, aber die Fischgräte rührte sich nicht. Er wollte um Hilfe schreien. Doch er brachte nur krächzende Laute hervor.

So hatte sich die Krähe für ihr dunkles Gefieder gerächt und seit dieser Zeit hat der Kranich eine krächzende, heisere Stimme.

Das Nilpferd • Marie von Ebner-Eschenbach

Eine Raupe legte sich einmal – ‚Abwechslung ist gut', dachte sie – zu ihrer Einpuppung in die Haut eines Nilpferdes. Was da geschah, weiß man nicht und es wird auch niemals erforscht werden, aber statt eines ganzen Schmetterlings krochen nur ein Paar große, herrliche Schmetterlingsflügel heraus. Sie hatten einen purpurnen Saum und bewegten sich zierlich beim geringsten Luftzug und schimmerten im Sonnenschein wie Kolibrigefieder.
Ein anderes Nilpferd bemerkte die seltsame Erscheinung auf dem Rücken des Genossen und sagte: „Du hast ja Flügel."
„Was dir einfällt", erwiderte das Nilpferd und ging weiter. Aber nun begegnete es einer Nilpferddame, der es schon längst zu gefallen wünschte.
Die sah es so freundlich an wie noch nie und sagte: „Ei der Tausend, Sie haben Flügel, wirklich, die reizendsten Flügel, die ich in meinem Leben gesehen habe."
Da war das Nilpferd wie berauscht, dachte aber im Stillen: ‚Wenn nur ich etwas von meinen Flügeln wüsste.' Es dachte auch: ‚Hab ich sie, dann muss ich fliegen können', und ging tief hinein in den Wald und machte dort eine große Anzahl Flugversuche. Alle misslangen. Ganz enttäuscht und traurig kehrte das Nilpferd zu den Genossen zurück.
Sie empfingen es mit dem einstimmigen Rufe: „Du hast Flügel, du hast Flügel, du kannst ganz gewiss fliegen!" Und als es eine zweifelnde Miene machte, riefen die andern: „Versuch es nur, es muss gehen. Oh, wenn du doch einen Versuch machen wolltest!"

Das Nilpferd war zu eitel, um zu gestehen, dass es den Versuch schon gemacht hatte und dass er nicht geraten war. So erwiderte es denn mit Wichtigkeit: „Resultate, nicht Versuche, gehören vor das Publikum."

Und als am nächsten Tage die Kameraden fragten: „Nun, du Beflügelter, bist du geflogen?", da erwiderte es: „Freilich, so eine Spritzfahrt nach Sansibar hinüber habe ich unternommen."

Oh, wie staunten sie ihn an, wie bewunderten und beneideten sie ihn, den Adler unter den Nilpferden! Er fing an sehr kritisch zu werden in der Beurteilung der Flüge der Vögel, zwinkerte zu ihnen hinauf und sagte: „Pah, wenn ich wollte, wie ganz anders würde ich das machen."

Seine Anhänger wiederholten: „Pah, wenn er wollte, da würden wir was erleben."

Eines Tages geschah's, dass ihm der Wind seine Flügel wegblies. Ein Freund bemerkte es und rief ihn an: „Wo sind deine Flügel? Du hast keine Flügel mehr."

Er erschrak tödlich, fasste sich aber sogleich und sagte: „Ich habe sie abgelegt. Ich will nichts voraus haben vor meinen Brüdern."

Nun wurde er erst recht angestaunt. Diese Tat hochherzigster Bescheidenheit erntete Lob und Preis und bis an sein Ende mehrten sich seine Ehren. Und heute noch lebt er als Phönix in der Geschichte und in der Dichtung der Nilpferde unsterblich fort.

Der Wolf und das Lamm • Äsop

Ein Wolf sah, wie ein Lamm aus dem Fluss trank, und wollte es unter einem guten Vorwand auffressen. Deshalb stellte er sich flussaufwärts hin und warf ihm vor, es mache das Wasser schlammig und lasse ihn nicht trinken. Das Lamm antwortete, es trinke nur mit gespitzten Lippen und es sei überhaupt nicht möglich, von unten her das Wasser oben aufzuwühlen.

Da der Wolf mit diesem Vorwand also nicht durchkam, sagte er: „Aber im letzten Jahr hast du schlecht über meinen Vater geredet." Als das Lamm antwortete, es sei noch nicht mal ein Jahr alt, sagte der Wolf: „Wenn du immer Entschuldigungen hast, soll ich dich deshalb nicht auffressen?"

Die Fabel zeigt, dass bei denen, die fest vorhaben, Unrecht zu tun, auch eine triftige Entschuldigung nichts gilt.

Der Phönix • Gotthold Ephraim Lessing

Nach vielen Jahrhunderten gefiel es dem Phönix, sich wieder einmal sehen zu lassen. Er erschien, und alle Tiere und Vögel versammelten sich um ihn. Sie gafften, sie staunten, sie bewunderten und brachen in entzückendes Lob aus. Bald aber verwandten die Besten und Geselligsten mitleidsvoll ihre Blicke und seufzten: „Der unglückliche Phönix! Ihm ward das harte Los, weder Geliebte noch Freunde zu haben. Denn er ist der Einzige seiner Art!"

Ein Maulwurf • Wilhelm Busch

Die laute Welt und ihr Ergötzen,
Als eine störende Erscheinung,
Vermag der Weise nicht zu schätzen.
Ein Maulwurf war der gleichen Meinung.
Er fand am Lärm kein Wohlgefallen,
Zog sich zurück in kühle Hallen
Und ging daselbst in seinem Fach
Stillfleißig den Geschäften nach.
Zwar sehen konnt' er da kein bissel,
Indessen sein getreuer Rüssel,
Ein Nervensitz von Zartgefühl,
Führt sicher zum erwünschten Ziel.
Als Nahrung hat er sich erlesen
Die Leckerbissen der Chinesen,
Den Regenwurm und Engerling,
Wovon er vielfach fette fing.
Die Folge war, was ja kein Wunder,
Sein Bäuchlein wurde täglich runder,
Und wie das häufig so der Brauch,
Der Stolz wuchs mit dem Bauche auch.
Wohl ist er stattlich von Person
Und kleidet sich wie ein Baron,
Nur schad', ihn und sein Sammetkleid
Sah niemand in der Dunkelheit.
So trieb ihn denn der Höhensinn
Von unten her nach oben hin,
Zehn Zoll hoch oder gar noch mehr,
Zu seines Namens Ruhm und Ehr
Gewölbte Tempel zu entwerfen,
Um denen draußen einzuschärfen,
Dass innerhalb noch einer wohne,
Der etwas kann, was nicht so ohne.

Mit Baulichkeiten ist es misslich.
Ob man sie schätzt, ist ungewisslich.
Ein Mensch von andrem Kunstgeschmacke,
Ein Gärtner, kam mit einer Hacke.
Durch kurzen Hieb nach langer Lauer
Zieht er ans Licht den Tempelbauer
Und haut so derb ihn übers Ohr,
Dass er den Lebensgeist verlor.
Da liegt er nun, der stolze Mann.
Wer tut die letzte Ehr ihm an?
Drei Käfer, schwarz und gelb gefleckt,
Die haben ihn mit Sand bedeckt.

Der Gärtner und das Ferkel • John Gay

Ein Gärtner, der ein Tierfreund war,
Erlas aus einer Schweineschar
Ein Ferkel sich zum Kameraden.
Das war nicht zu des Tieres Schaden,
Denn frei lief's nun umher im Haus,
Sucht' sich die schönsten Plätzchen aus
Als Futter- oder Lagerstätte
Und schlief vor seines Herren Bette.
Es ward gekost und gut gepflegt,
Wie ein verwöhntes Kind gehegt,
Folgt' seinem Herrn auf Schritt und Tritt
Und ging auch in den Garten mit.

Einst sprach der Gärtner zu dem Schwein:
„Mein Haus, mein Garten selbst ist dein.
Nimm dir nur stets, was dir beliebt,
Nimm Bohnen und was sonst es gibt,
Du darfst die zarten Rübchen haben
Und auch nach den Kartoffeln graben.
Jedoch die Blumen musst du schonen,
Damit sie mir die Mühe lohnen,
Denn all mein Stolz und meine Freude
Ist mir der Tulpen Augenweide."
Nicht lange drauf war nun das Schwein
Im Garten recht vergnügt allein,
Mit seel'gem Grunzen und mit Schnaufen
Durchwühlte es die Düngerhaufen,
Die um die Blumen aufgeschichtet,
Und wühlte dort so unentwegt,
Bis alle Wurzeln bloßgelegt
Und alle Tulpen ganz vernichtet.
Da kam der Herr des Wegs daher.
Wie wurde ihm das Herz so schwer,
Als er den Schaden ward gewahr!
„Du böses Tier! Wie undankbar,

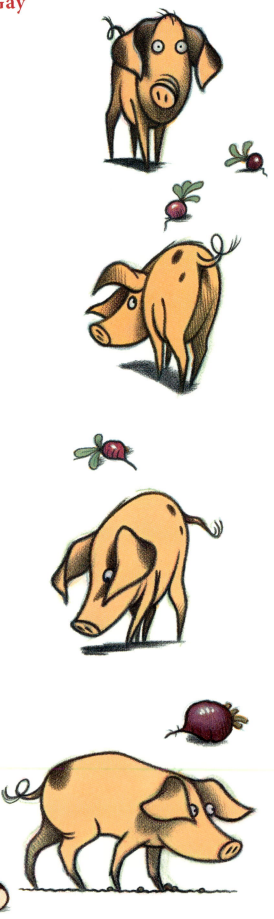

Wie schändlich ist doch dein Betragen",
Begann er kummervoll zu klagen,
Sah traurig seine Blumen an
Und seufzte laut und schwieg sodann.
Doch eilig nahm das Schwein das Wort:
„Was ist dir Herr? Sieh, hier und dort
Die Tulpen sind ja unversehrt,
Die Wurzeln nur hab ich verheert."
Das war dem Gärtner doch zuviel:
„Was treibst du noch mit mir dein Spiel?
Du höhnst mich gar?" Und auf der Stell'
Verklopfte er dem Freund das Fell.
Doch der – dickfellig wie er war –
Ertrug die Prügel wunderbar
Und biss nur, um gerächt zu sein,
Dem Gärtner kräftig in das Bein.
Nur mühsam schleppt' der Mann sich fort
Und sprach zu sich das weise Wort:
„Wer mit der Rohheit Freundschaft schließt,
Gar bald der Rohheit Frucht genießt."

Der Reiher • August Heinrich Hoffmann von Fallersleben

Wenn spazieren geht der Reiher,
Denkt er über manches nach:
Ob sich's besser fischt am Weiher
Oder besser noch am Bach.

Endlich hat er sich entschlossen,
Geht zum Weiher hin und fischt,
Und da weilt er unverdrossen,
Bis er einen Fisch erwischt.

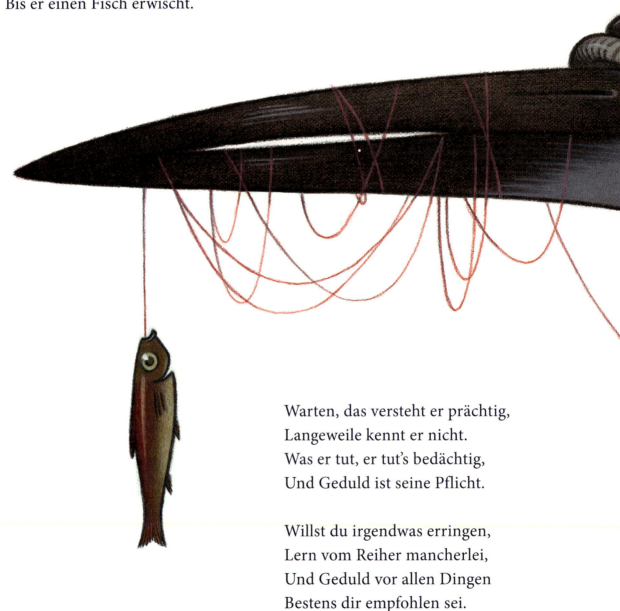

Warten, das versteht er prächtig,
Langeweile kennt er nicht.
Was er tut, er tut's bedächtig,
Und Geduld ist seine Pflicht.

Willst du irgendwas erringen,
Lern vom Reiher mancherlei,
Und Geduld vor allen Dingen
Bestens dir empfohlen sei.

Zu gut gelebt • Wilhelm Busch

Frau Grete hatt' ein braves Huhn,
Das wusste seine Pflicht zu tun.
Es kratzte hinten, pickte vorn,
Fand hier ein Würmchen, da ein Korn,
Erhaschte Käfer, schnappte Fliegen
Und eilte dann mit viel Vergnügen
Zum stillen Nest, um hier geduldig
Das zu entrichten, was es schuldig.
Fast täglich tönte sein Geschrei:
„Viktoria, ein Ei, ein Ei!"
Frau Grete denkt: ‚O welch ein Segen,
Doch könnt' es wohl noch besser legen.'
Drum reicht sie ihm, es zu verlocken,
Oft extra noch die schönsten Brocken.
Dem Hühnchen war das angenehm.
Es putzt sich, macht es sich bequem,
Wird wohlbeleibt, ist nicht mehr rührig
Und sein Geschäft erscheint ihm schwierig.
Kaum dass ihm noch mit Drang und Zwang
Mal hie und da ein Ei gelang.
Dies hat Frau Gretchen schwer bedrückt,
Besonders, wenn sie weiterblickt,
Denn wo kein Ei, da ist's vorbei
Mit Rührei und mit Kandisei.
Ein fettes Huhn legt wenig Eier.
Ganz ähnlich geht's dem Dichter Meier,
Der auch nicht viel mehr dichten kann,
Seit er das große Los gewann.

Orientalischer Kongress • Franz Grillparzer

Der Esel und der Wolf im Streit,
Sie greifen zum Gewehr,
Da treten als Vermittler ein
Die Nachbarn ringsumher:
Der Stockfisch und das Murmeltier,
Der Marder und der Fuchs,
Dem Langohr fern und nah verwandt,
Sie bieten Hülfe flugs.
Doch dreinzuschlagen, eh es not,
Wär' eben auch zu toll.
Man zieht dem Esel ab die Haut
Und schreibt ein Protokoll.

Der Geizhals und der Affe • Christian Felix Weiße

Ein Geizhals hatt' einst einen Affen. – Ein Geizhals sein, und sich den anzuschaffen? Kaum glaub ich das. – Doch ja: Gesellschaft kostet Geld und Menschen können stehlen. So war zum Zeitvertreib dafür der Affe da. Vor diesem durft' er nichts verhehlen, er mochte wuchern oder zählen, der schwatzte nichts, und kurz, er war nach seinem Sinn. Einst rief der Glockenschlag ihn nach der Kirche hin, denn hier dacht' er mit Beten und durch Singen, Gott neuen Segen abzuzwingen. In großer Eil' ließ er das Schreibpult offen steh'n, wo ihn der Affe hat im Golde wühlen seh'n.

Pez, der den Haufen Geld erblickte und den die Langeweile drückte, sann sich zum Zeitvertreib ein kleines Spielwerk aus: Er holt' ein Goldstück nach dem andern und ließ zum Fenster frisch hinaus die Louisdors und die Dukaten wandern.

Das war ein Lärm um das Haus! Wer laufen konnte, lief, und bald ward vom Gedränge, so breit die Straße war, der Platz doch viel zu enge. Rips! Raps! „Herr Pez, mir auch ein Stück!" Man haschte, sprang und fiel, und wem zu gutem Glück eins in die Hände flog, dem kam es hoch zu stehen. Ei, welche Lust, dies Schauspiel anzusehen!

Indessen kam Herr Hapagon zurück. „Hilf Himmel! Wer? Wie? Wo? Was gibt's für Unglück hier? Oh weh! Mein Geld! – Komm ich hinauf zu dir, du Dieb, so soll dein Blut –" Hier schwieg er, denn ihm schloss die Lippen seine Wut.

„Herr", sprach ein alter Mann, „Herr, mäßigt Eure Hitze! Das Geld ist ihm wie Euch nichts nütze! Der Affe wirft es weg, und Ihr? Ihr sperrt es ein! Wer mag von euch der Klügste sein?"

Der Adler • Gotthold Ephraim Lessing

Man fragte den Adler: „Warum erziehst du deine Jungen so hoch in der Luft?"
Der Adler antwortete: „Würden sie sich, erwachsen, so nah zur Sonne wagen,
wenn ich sie tief auf der Erde erzöge?"

Der Apfelbaum und die Tanne • Arthur Schopenhauer

Hinter einem in seiner vollen Blütenpracht ausgebreiteten Apfelbaum erhob eine gerade Tanne ihren spitzen, dunklen Gipfel. Zu dieser sprach jener: „Siehe die Tausende meiner schönen muntern Blüten, die mich ganz bedecken! Was hast du dagegen aufzuweisen? Schwarzgrüne Nadeln."
„Wohl wahr", erwiderte die Tanne. „Aber wenn der Winter kommt, wirst du entlaubt dastehn. Ich aber werde sein, was ich jetzt bin."

Der Igel • nach Leo Tolstoi

Ein Kalb entdeckte einen Igel und sagte: „Ich fresse dich!"
Der Igel wusste nicht, dass Kälber keine Igel fressen, erschrak gewaltig, rollte sich ein und fauchte: „Versuch es doch!"
Mit erhobenem Schwanz fing das einfältige Kalb an zu hüpfen, stieß mit den Hörnern in die Luft, spreizte die Vorderfüße und beleckte schließlich den Igel.
„Oi, oi, oi", brüllte das Kalb, rannte zu seiner Mutter und beklagte sich: „Der Igel hat mich in die Zunge gestochen."
Die Kuh hob den Kopf, blickte nachdenklich drein und riss dann weiter Gras ab.
Der Igel indes rollte sich in eine dunkle Höhle unter eine Ebereschenwurzel und meinte fröstelnd: „Ich habe ein riesiges Tier besiegt. Ich muss ein Löwe sein!"
So eilte der Ruf über die Tapferkeit des Igels bis hinter den blauen See, bis hinter den dunklen Wald. „Wir haben einen Igel, der ist ein Recke", flüsterten ängstlich die Tiere.

Der Fuchs und der Ziegenbock • Jean de La Fontaine

Es machte Hauptmann Fuchs einst einen weiten Gang
Mit seinem Freunde Bock, der höchste Hörner trug
Und konnt' nicht weiter sehn, als seine Nase lang.
Indes der andre war ein Meister im Betrug.
In einen Brunnen stieg das durstgequälte Paar,
Um sich Genüge dort zu tun.
Nachdem vollkommen dann ihr Durst gestillet war,
Sprach zu dem Bock der Fuchs: „Gevatter, sag, was nun?
Getrunken haben wir, nun müssen wir hinaus.
Heb deine Hörner hoch und streck die Beine aus,
Stemm an die Mauer sie. Empor an deinem Rücken
Zuerst zu klettern suche ich,
Dann stütz ich auf die Hörner mich,
Mit ihrer Hilfe wird mir's glücken,
Aus diesem Loche zu entfliehen,
Und dann will dich hinaus ich ziehen."
„Bei meinem Barte", spricht der andre, „das ist schön,
So kluge Leute schätz ich sehr.
Ich selber hätte nimmermehr
Den guten Ausweg wohl ersehn."
Es steigt der Fuchs hinaus, lässt den Gefährten drin,
Hält eine Rede, deren Sinn
Ist, ihn zu mahnen zur Geduld.
„Wenn dir gegeben hätt'", spricht er, „des Himmels Huld,
Dass groß wär' dein Verstand, so wie dein Bart am Kinn,
Dann wärst du so leichtsinnig nicht
Hinabgestiegen hier. Leb wohl, ich bin im Freien.
Nun müh dich und versuch, dich selber zu befreien.
Ich kann nicht weilen, eine Pflicht
Heißt meine Schritte mich nun schnell von hinnen lenken."
Bei allen Dingen muss das Ende man bedenken.

Der Esel und die Frösche • nach Äsop

Ein Esel, der Hölzer auf seinem Rücken trug, watete durch ein Gewässer, glitt aus und fiel hin. Es gelang ihm nicht, sich zu erheben, und so jammerte und stöhnte er in einem fort. Als die Frösche im Sumpf sein Klagegeschrei hörten, riefen sie: „Sag mal, was hättest du getan, wenn du so lange hier im Wasser hocken würdest wie wir? Wo du jetzt schon so laut schreist und doch eben erst hineingefallen bist?"

Katze bleibt Katze • aus China

Dschi-Yen hatte eine prachtvoll schöne Katze zum Geschenk bekommen und wollte dem Tier einen ganz besonderen Namen geben.
„Ich möchte sie ‚Tiger' nennen", sagte er zu einem Freund.
„Ein Tiger", meinte dieser, „ist zwar ein mächtiges Tier, aber doch nicht so gewaltig wie ein Drache. Nennen wir sie ‚Drache'!"
„Gewiss, der Drache ist mächtiger als der Tiger", sagte ein anderer, „doch ein Drache kann nicht bestehen ohne Wolken. Du musst das Tier ‚Wolke' nennen!"
„Die Wolken können den Himmel bedecken", erklärte ein dritter, „bedenke aber, ein plötzlich anbrechender Sturm vermag sie wieder zu verteilen. Nenne sie ‚Sturm'!"
„Eine Mauer", fiel ihm ein vierter ins Wort, „ist stark genug, um auch dem ärgsten Sturm zu trotzen. Nenne sie doch ‚Mauer'!"
„Hört!" rief ein anderer. „Zugegeben, eine Mauer ist stark! Ihr habt aber die Mäuse vergessen, die sie unterhöhlen und sie zusammenstürzen lassen! Nein, Freund, du musst die Katze ‚Maus' nennen!"
Da begann der Hausherr herzlich zu lachen. „Die Maus", rief er aus, „wird doch von der Katze gefressen! Da kann ich ihr ja gleich den Namen ‚Katze' lassen!"

Der Bär und der Elefant • Gotthold Ephraim Lessing

„Die unverständigen Menschen!", sagte der Bär zu dem Elefanten. „Was fordern sie nicht alles von uns besseren Tieren! Ich muss zur Musik tanzen, ich, der ernsthafte Bär! Und sie wissen es doch nur zu gut, dass sich solche Possen zu meinem ehrwürdigen Wesen nicht schicken. Denn warum lachten sie sonst, wenn ich tanze?"

„Ich tanze auch zur Musik", versetzte der gelehrige Elefant, „und glaube ebenso ernsthaft und ehrwürdig zu sein wie du. Gleichwohl haben die Zuschauer nie über mich gelacht. Freudige Bewunderung bloß war auf ihren Gesichtern zu lesen. Glaube mir also, Bär, die Menschen lachen nicht darüber, dass du tanzt, sondern darüber, dass du dich so albern anstellst."

Kindliches Verlangen • nach Äsop

Der Mond bat einmal seine Mutter, sie möge ihm ein passendes Kleid nähen. Sie aber sprach zu ihm: „Wie kann ich es passend machen? Einmal erscheinst du als volle Kugel, dann wieder als halbe und schließlich als Sichel."

Die junge Schwalbe • Gotthold Ephraim Lessing

„Was macht ihr da?", fragte eine Schwalbe die geschäftigen Ameisen.
„Wir sammeln Vorrat für den Winter", war die geschwinde Antwort.
„Das ist klug", sagte die Schwalbe. „Das will ich auch tun." Und sogleich fing sie an, eine Menge toter Spinnen und Fliegen in ihr Nest zu tragen.
„Aber wozu soll das?", fragte endlich ihre Mutter.
„Wozu? Das ist Vorrat für den bösen Winter, liebe Mutter. Sammle doch auch! Die Ameisen haben mich diese Vorsicht gelehrt."
„Oh, lass den Ameisen diese Klugheit", versetzte die Alte. „Was sich für sie schickt, schickt sich nicht für bessere Schwalben. Uns hat die gütige Natur ein holderes Schicksal bestimmt. Wenn der reiche Sommer sich endet, dann ziehen wir von hinnen. Auf dieser Reise entschlafen wir allgemach, und da empfangen uns warme Sümpfe, wo wir ohne Bedürfnisse rasten, bis uns ein neuer Frühling zu einem neuen Leben erweckt."

Das Kamel wird zum ersten Mal gesichtet • Äsop

Als zum ersten Mal ein Kamel gesichtet wurde, bekamen die Menschen Furcht und flohen vor Schreck über seine Größe. Mit der Zeit aber erkannten sie seine sanfte Art und trauten sich nahe heran. Als sie sich dann versichert hatten, dass dem Tier überhaupt jede Heftigkeit fremd ist, gingen sie in ihrem verächtlichen Verhalten sogar so weit, dass sie ihm Zügel anlegten und es ihren Kindern zum Reiten gaben.
Die Fabel zeigt, dass die Gewohnheit die Furcht vor bestimmten Dingen gewaltig mildert.

Das Pferd und der Esel • nach Äsop

Ein Eseltreiber legte einem Esel und einem Pferd Lasten auf und trieb die Tiere an. Solange sie in der Ebene waren, ertrug der Esel die Last. Als sie aber in eine Gebirgsgegend kamen, konnte der Esel die Last nicht mehr tragen und bat das Pferd, ihm einen Teil der Last abzunehmen, damit er selbst den übrigen Weg zurücklegen könne. Das Pferd aber hörte nicht auf seine Worte. An einem steilen Abhang stürzte der Esel und brach sich das Genick. Der Eseltreiber wusste nun nicht, was er tun sollte, er bürdete dem Pferd nicht nur die Last des Esels zusätzlich auf, sondern häutete den Esel ab und legte dessen Fell noch obendrauf. Das Pferd war jetzt sehr schwer beladen und sagte zu sich: „Das geschieht mir recht. Denn wenn ich mich hätte überreden lassen, dem Esel auf seine Bitte ein wenig zu helfen, müsste ich jetzt nicht zusammen mit seiner Last auch noch ihn selbst tragen."
Ebenso verlieren manche Wucherer durch ihre Geldgier, weil sie den Schuldnern kein bisschen entgegenkommen wollen, oft sogar ihr ganzes Kapital.

Das Truthuhn und die Ameise • John Gay

Ein Truthuhn war das Futter satt,
Das man im Hof den Hühnern streute.
„Zu leicht gefunden ist die Beute,
Die man nicht selbst gesucht sich hat",
So sprach's und ging zum nahen Wald.
Die Jungen folgten ihm alsbald.
„Kommt, Kinderchen, kommt!", rief die Mutter.
„Hier liegt ein ganzer Berg voll Futter.
Seht nur, geschäftige Ameisen,
Die sind gar köstlich zum Verspeisen.
Nur unverzagt, fangt tüchtig an zu essen,
Ameisen sind für uns Delikatessen.
Ach, wie gesegnet wäre unser Leben,
Wenn es nur keinen Schlachttag würde geben.
Jedoch der Mensch liebt Putenbraten ungeheuer
Und gar am Weihnachtsfest sind wir ihm teuer.
Da können wir mit Austern konkurrieren
Und mitten auf der Tafel paradieren,
Bei Arm und Reich sind wir dann so beliebt,
Dass es in Hütte und Palast nur Putenbraten gibt.
O Kinder, hört, was ich euch jetzt verkünde:
Gefräßigkeit ist eine schwere Sünde!"
Da rief ein Ameislein herab von einem Blatt:
„Wer so gemordet unsre Scharen
Und so wie du an uns sich satt gefressen hat,
Der sollte wahrlich einsichtsvoll gewahren,
Dass er den Menschen Mörder nicht darf schelten,
Will er nicht selbst als ärgrer Mörder gelten."

Die Schlange • Magnus Gottfried Lichtwer

In Afrika war eine Schlange,
Die alle Tier ohn' Ursach biss,
Und was sie biss, das trieb's nicht lange,
Die Wunde schwoll, es starb gewiss.

Dies ging ihr lange Zeit vonstatten,
Bis, da sie einst im Grase spielt,
Sie endlich ihren eignen Schatten
Für eine fremde Schlange hielt.

Da biss sie, weil sie es nicht wusste,
Mit einer solchen Wut nach sich,
Dass sie sofort verrecken musste,
Daran, Verleumder, spiegle dich.

Der Fuchs und der Rabe • James Thurber

Der Anblick eines Raben, der auf einem Baum saß, und der Geruch des Käses, den er im Schnabel trug, erregten die Aufmerksamkeit eines Fuchses.

„Wenn du ebenso schön singst, wie du aussiehst", sagte er, „dann bist du der beste Sänger, den ich je gesehen und gewittert habe."

Der Fuchs hatte irgendwo gelesen – und nicht nur einmal, sondern bei den verschiedensten Dichtern –, dass ein Rabe mit Käse im Schnabel sofort den Käse fallen lässt und zu singen beginnt, wenn man seine Stimme lobt. Für diesen besonderen Fall und diesen besonderen Raben traf das jedoch nicht zu.

„Man nennt dich schlau und man nennt dich verrückt", sagte der Rabe, nachdem er den Käse vorsichtig mit den Krallen seines rechten Fußes aus dem Schnabel genommen hatte. „Aber mir scheint, du bist zu allem Überfluss auch noch kurzsichtig. Singvögel tragen bunte Hüte und farbenprächtige Jacken und helle Westen und von ihnen gehen zwölf aufs Dutzend. Ich dagegen trage Schwarz und bin absolut einmalig."

„Ganz gewiss bist du einmalig", erwiderte der Fuchs, der zwar schlau, aber weder verrückt noch kurzsichtig war.

„Bei näherer Betrachtung erkenne ich in dir den berühmtesten und talentiertesten aller Vögel und ich würde dich gar zu gern von dir erzählen hören. Leider bin ich hungrig und kann mich daher nicht länger hier aufhalten."

„Bleib doch noch ein Weilchen", bat der Rabe. „Ich gebe dir auch etwas von meinem Essen ab."

Sprach's und warf dem listigen Fuchs den Löwenanteil vom Käse zu und fing an, von sich zu erzählen.

„Ich bin der Held vieler Märchen und Sagen", prahlte er, „und ich gelte als Vogel der Weisheit. Ich bin der Pionier der Luftfahrt, ich bin der größte Kartograf. Und was das Wichtigste ist, alle Wissenschaftler und Gelehrten, Ingenieure und Mathematiker wissen, dass meine Fluglinie die kürzeste Entfernung zwischen zwei Punkten ist. Zwischen beliebigen zwei Punkten", fügte er stolz hinzu.

„Oh, zweifellos zwischen allen Punkten", sagte der Fuchs höflich. „Und vielen Dank für das Opfer, das du gebracht hast, indem du mir den Löwenanteil überlassen hast."

Satt und zufrieden lief er davon, während der hungrige Rabe einsam und verlassen auf dem Baum zurückblieb.

Kluger Hase und dankbarer Ziegenbock • aus Brasilien

Es waren einmal ein Hase und ein Ziegenbock, die hatten Freundschaft miteinander geschlossen. Sie trafen sich jeden Tag draußen vor dem Dorf und erzählten einander die Neuigkeiten, die es gab.

Eines Tages, als der Hase in einer kleinen Erdhöhle schlief, hörte er draußen Schritte vorbeitappen. Er wachte auf und spitzte die Ohren. Da war ein Löwe, der sagte zu einem anderen Löwen: „Morgen werde ich in jenes Dorf gehen und werde mir den Ziegenbock holen, denn ich habe schon lange kein Ziegenfleisch mehr gefressen."

Der Hase verhielt sich still, bis die beiden Löwen weitergegangen waren. Und am Morgen sprang er aus seiner Höhle heraus und lief zu dem Ziegenbock, der auf einer Wiese vor dem Dorf fraß. „Freund Ziegenbock", sagte der Hase, „ich habe heute Nacht gehört, dass ein Löwe kommen und dich fressen will."

„Das werde ich gleich meinem Herrn, dem Dorfältesten, sagen." Und damit ging der Ziegenbock zur Hütte seines Herrn und sagte: „Herr, in der nächsten Nacht will ein Löwe kommen und mich holen."

„Lass mich nur machen", sagte sein Herr, „wir werden den Löwen schon umbringen." Und der Herr ging hin und grub rundherum um seine Hütte und um den Pferch eine Grube, deckte sie ab, damit keines seiner Tiere hineinstürze, und ging dann aufs Feld.

Dem Ziegenbock war nicht ganz wohl in seiner Haut, denn er hatte nicht gesehen, wie sein Herr die Falle baute. Als er ums Gehöft herumging, sah er die zugedeckte Grube und dachte: ‚Die hat sicher unser Herr gebaut, um mich vor dem Löwen zu verstecken.' Und er suchte eine Lücke in der Abdeckung, sprang in die Grube hinunter, und weil es da unten angenehm kühl war, schlief er ein und hörte nicht, wie am Abend sein Herr die Grube abdeckte.

Mitten in der Nacht kam der Löwe, und da er von der Grube nichts wusste, fiel er hinunter und mitten auf den Ziegenbock. Der erschrak gewaltig, als auf ihn plötzlich der Löwe herunterstürzte, aber er fasste sich schnell und sagte: „Wenn du mich frisst, Löwe, wirst du so dick werden, dass du aus dieser Grube nie mehr hinauskommst. Aber wenn du mich verschonst, werde ich meinen Herrn bitten, dass er dich morgen herausholt und dir eine Ziege schenkt."

Der Löwe wollte sich auf so etwas nicht einlassen, aber er war klug genug, um zu

verstehen, dass er mit einem dicken Bauch nie aus der Grube herauskäme. Während nun der Löwe noch nachdachte, was er tun solle, und während der Ziegenbock vor Angst zitterte, kam der Hase gerannt. Der Hase hatte Sorge um seinen Freund gehabt und wollte nachsehen, wie die Dinge stünden. Als er sah, dass der Ziegenbock bei seinem Feind in der Grube saß, sagte er: „He, ihr beiden da unten. Ich will euch helfen. Ich werde ein Seil holen und euch herausziehen."
Und damit sprang er über die Grube, holte aus der Hütte ein Seil und warf ein Ende davon in die Grube hinunter. Da wollte gleich der Löwe an dem Seil herausklettern, aber der kluge Hase sagte: „Nein, du bist mir zu schwer." Und damit ließ er das Seil in die Grube hinunterfallen. „Löwe, wirf mir das Seil wieder herauf. Zuerst muss der Ziegenbock heraufklettern und dann werden wir zu zweit das Seil halten und du kannst nachkommen."
Da gab der Löwe murrend nach und der Ziegenbock kletterte an dem Seil aus der Grube. Kaum war er draußen, warf der Hase das Seil wieder hinunter und rief: „Bleib nur drunten und warte bis morgen früh!"
Und als in der Dämmerung der Herr des Ziegenbocks ins Freie kam, sah er den Löwen in der Grube liegen, nahm seinen Speer und tötete ihn.
Die Geschichte von dem Hasen, der den Löwen hereingelegt hatte, sprach sich jedoch unter den Tieren herum, und der andere Löwe, der Freund des getöteten, wurde sehr zornig auf den Hasen und sagte: „Warte nur, ich erwische dich schon noch. Und dann werde ich meinen Freund rächen." Und er legte sich vor die Höhle des Hasen, sodass dieser nicht herauskonnte, und sagte: „Entweder du kommst heraus oder du wirst hier verhungern."
Der Ziegenbock aber wunderte sich, als den ganzen Tag sein Freund Hase nicht zu sehen war. Und am Abend machte er sich auf, um den Hasen zu suchen. Aber schon von Weitem sah er einen Löwen vor dem Loch des Hasen liegen. Da drehte er um, ging nach Hause und sagte zu seinem Herrn: „Ein Löwe will den Hasen fressen, der mir das Leben gerettet hat."
„Was kümmert mich ein Hase", sagte der Herr, „es gibt genug davon. Bleib du in deinem Pferch und kümmere dich nicht um andere!"
„Nein", sagte der Ziegenbock, „der Hase ist mein Freund, und wenn du nicht mitkommst, gehe ich allein, um mit dem Löwen zu kämpfen."

Das wollte der Mann doch auch nicht, und so nahm er seinen Speer und ging mit dem Ziegenbock dorthin, wo der Löwe lag.

„Warte, Herr!", sagte der Ziegenbock. „Wenn uns der Löwe kommen hört, wird er davonlaufen. Ich werde mich von der andern Seite nähern, dann kannst du dich hinter den Löwen schleichen und ihn töten."

Und der Ziegenbock ging mutig von der andern Seite auf den Löwen zu, und als der sich zum Sprung duckte, traf ihn der Speer des Mannes und er starb. Der Herr aber lobte seinen Ziegenbock wegen des Mutes und den Hasen wegen seiner Klugheit.

Der Kranich und der Pfau • nach Babrios

Ein schöner Pfau schlug Rad mit seinem glänzenden Gefieder und stritt mit einem Kranich, der war aschfarben. „Du verhöhnst", sprach der Kranich, „die Farbe meiner Schwungfedern. Doch sie sind es, die mich zum Sternenzelt emportragen. Dort jubel ich laut, während du mit all deinem Glanz wie ein Hahn auf dem Erdboden dahinflatterst."

Der Wolf und der Fuchs • Jean de La Fontaine

Wie kommt's nur, dass Äsop vom Fuchse immer spricht,
Als wär' ihm Schlauheit mehr als anderen gegeben?
Ich such den Grund davon, allein ich find ihn nicht.
Wenn einmal muss der Wolf verteidigen sein Leben
Und wenn er andre überfällt,
Ob er sich dann wohl dümmer stellt?
Ich glaube, klüger noch, und möchte mich erfrechen,
Dem Meister in dem Punkt einmal zu widersprechen.
Mir ist ein Fall bekannt, der keine Ehre macht
Dem Höhlengräber. Einst sah bei Beginn der Nacht
Das Bild des Vollmonds er in tiefen Brunnens Grund,
Ihm schien's ein Käse, groß und rund.
Zwei Eimer immer wechselnd hoben
Das feuchte Element nach oben.
Der Fuchs, den fürchterlich der böse Hunger drängt,
Setzt in den Eimer sich, der grade oben hängt,
Und lässt sich darin schnell hinab,
Reinecke sitzt im Brunnengrab,
Enttäuscht und in großer Not,
Von nahem Tode schlimm bedroht.
Denn wie soll er hinauf, wenn nicht ein ander Tier,
Zum Bild gelockt durch gleiche Gier,
Ablösend ihn in seinem Leid,
Ihn zieht auf gleichem Weg aus der Verlegenheit?
Zwei Tage gehen hin und niemand kommt zum Brunnen.
Indessen hat die Zeit, die tät'ge, schon begonnen
Zu schmälern, wie es ihre Pflicht,
Vom silbernen Gestirn das runde Angesicht.
Herr Fuchs ist in Verzweiflung schier,
Da kommt der Wolf, das durst'ge Tier,
Vorbei. Der Fuchs ruft: „Kamerad,
Bewirten will ich dich. Siehst du wohl, was hier lacht?
Ein fetter Käse ist's. Gott Faun hat ihn gemacht,
Jo hat ihm die Milch gebracht.

Wär' Jupiter selbst krank und matt,
Dadurch würd' er zurück den Appetit erlangen.
Ich hab dies Rändchen abgenagt
Und hoffe, dass der Rest dir prächtig bald behagt."
Wenn möglichst gut er auch begründet die Geschicht,
War doch der Wolf ein dummer Wicht.
Er glaubt es, führt hinab und zieht durch seine Schwere
Empor den Meister Fuchs, der sonst verloren wäre.
Nicht spotten dürfen wir. So dürft'ger Grund oft reicht
Schon hin, uns Menschen selbst zu fangen.
Wir alle glauben allzu leicht,
Was wir erwünschen, was wir bangen.

Der Löwe • Lafcadio Hearn

In alten Zeiten lebten vier Jünglinge der brahmanischen Kaste – Brüder, die mit großer Zärtlichkeit aneinander hingen und beschlossen hatten, alle zusammen in ein benachbartes Reich zu wandern, um ihr Glück zu machen.

Und drei von diesen vier Brüdern hatten alle Wissenschaften getrieben, waren der Magie, der Astronomie, der Alchimie und okkulter Künste, die sehr schwierig zu erlernen sind, kundig, während der vierte überhaupt nichts von Wissenschaften wusste und nur Verstand besaß.

Während sie sich nun zusammen auf die Wanderschaft begaben, sagte einer der gelehrten Brüder: „Warum soll ein Bruder, der gar nichts weiß, aus unserer Weisheit Nutzen ziehen? Wenn er mit uns geht, kann er uns nur zur Last fallen. Niemals wird er imstande sein, Königen Achtung einzuflößen, deshalb kann er uns nur schaden. Lieber soll er nach Hause zurückkehren."

Aber der älteste Bruder antwortete: „Nein, er soll an unserem Wohlergehen Anteil haben, denn er ist unser geliebter Bruder, und wir finden vielleicht ein Amt für ihn, das er ausfüllen kann, ohne uns Schande zu machen."

So setzten sie ihre Wanderung fort, und als sie nach einer Weile durch einen Wald kamen, sahen sie die Knochen eines Löwen auf dem Pfade verstreut. Diese Knochen waren weiß wie Milch und hart wie Kieselstein.

Da sagte der, welcher zuerst die Unwissenheit seines Bruders getadelt hatte: „Jetzt wollen wir unserm Bruder zeigen, was Wissenschaft vollbringen kann. Wir wollen seine Unwissenheit beschämen, indem wir diesen Löwengebeinen Leben geben und einen neuen Löwen daraus schaffen! Durch wenige Zauberworte kann ich die verdorrten Sehnen zusammenfügen, sodass jeder Knochen an der richtigen Stelle sitzt." Und damit sprach er diese Worte aus und die verdorrten Gebeine fügten sich hohl klappernd zusammen – jedes an seinem Platz – und das Skelett lag fertig da.

„Ich", rief der zweite Bruder, „kann durch wenige Worte die Knochen durch Sehnen verbinden, kann sie durch Muskeln verdicken und durch Blut röten, ich kann die Säfte, die Adern, die Drüsen, das Mark, die inneren Organe und die Haut schaffen." Damit sprach er die Worte aus und auf dem Boden zu ihren Füßen lag ein riesiger Löwe mit wallender Mähne.

„Und ich", sagte der dritte Bruder, „kann durch ein Wort dem Blut Wärme und dem Herzen Bewegung geben, sodass das Tier lebt und atmet und andere Tiere zerreißt. Und ihr sollt ihn brüllen hören!"

Doch ehe er die Worte aussprechen konnte, legte ihm der vierte Bruder, der in den Wissenschaften unerfahren war, die Hand auf den Mund. „Nein", rief er, „sprich die Worte nicht aus! Es ist ein Löwe! Wenn du ihm Leben gibst, wird er uns verschlingen."

Die andern aber verspotteten ihn und sagten: „Geh nach Hause, du Narr! Was weißt du von Wissenschaft?"

Er aber antwortete ihnen: „Wartet wenigstens mit der Erschaffung des Löwen, bis ich auf diesen Baum gestiegen bin." Und das taten sie. Kaum aber hatte er den Baum erstiegen, als die Worte ausgesprochen wurden und der Löwe sich regte und die großen gelben Augen aufschlug. Darauf streckte er sich, erhob sich und brüllte. Dann wandte er sich den drei weisen Männern zu, schlug sie nieder und verschlang sie.

Nachdem aber der Löwe sich entfernt hatte, stieg der Jüngling, der von Wissenschaften nichts wusste, unverletzt vom Baum hernieder und kehrte in seine Heimat zurück.

Das Geschenk der Feen • Gotthold Ephraim Lessing

Zu der Wiege eines jungen Prinzen, der in der Folge einer der größten Regenten seines Landes ward, traten zwei wohltätige Feen.
„Ich schenke diesem meinem Liebling", sagte die eine, „den scharfsichtigen Blick des Adlers, dem in seinem weiten Reiche auch die kleinste Mücke nicht entgeht."
„Das Geschenk ist schön", unterbrach sie die zweite Fee. „Der Prinz wird ein einsichtsvoller Monarch werden. Aber der Adler besitzt nicht allein Scharfsichtigkeit, die kleinsten Mücken zu bemerken. Er besitzt auch die edle Verachtung, ihnen nicht nachzujagen. Und diese nehme der Prinz von mir zum Geschenk!"
„Ich danke dir, Schwester, für diese weise Einschränkung", versetzte die erste Fee. „Es ist wahr, viele würden weit größere Könige gewesen sein, wenn sie sich weniger mit ihrem durchdringenden Verstand bis zu den kleinsten Angelegenheiten hätten erniedrigen wollen."

Vom Frosch und der Maus • Martin Luther

Eine Maus wäre gerne durch das Wasser an ein anderes Ufer gekommen, doch sie konnte nicht und bat einen Frosch um Rat und Hilfe.

Der Frosch war ein Schalk und sprach zur Maus: „Binde deinen Fuß an meinen Fuß, so will ich schwimmen und dich hinüberziehen."

Als sie aber im Wasser waren, tauchte der Frosch unter und wollte die Maus ertränken.

Während die Maus sich wehrte und kämpfte, flog eine Weihe daher und erhaschte die Maus, zog den Frosch auch mit heraus und fraß sie beide.

Wolf und Stachelschwein • Friedrich Haug

Der Wolf begann zum Stachelschwein:
„Was soll dein eitles Dräu'n und Dröhnen
Mit hundert Bajonetten sein?
Lass ab! – Wir wollen uns versöhnen."
Doch jenes sprach: „Herr Wolf, nein!
Komm erst mit ausgebroch'nen Zähnen!
Dann zieh ich meine Stacheln ein."

Die allzu klugen Fische • aus Indien

In einem Gewässer wohnten zwei Fische namens Hundertklug und Tausendklug. Ein Freund von beiden war ein Frosch mit Namen Einfachklug. Diese drei genossen nun am Ufer des Gewässers eine Zeit lang zu passender Stunde die Freuden einer schönen Unterhaltung und kehrten dann ins Wasser zurück. Als sie auch einmal miteinander plauderten, kamen zur Zeit des Sonnenuntergangs Fischer nach diesem Gewässer, die in den Händen Netze und auf dem Kopfe viele getötete Fische trugen. Beim Anblick dieses Gewässers sprachen sie untereinander: „Das ist ja ein fischreicher, flacher Teich. Morgen früh wollen wir uns darum hierherbegeben." Nach diesen Worten gingen sie nach Hause.
Mit bekümmertem Antlitz hielten nun die Fische Rat. Da sprach der Frosch: „Nun, Hundertklug, habt ihr beide wohl gehört, was die Fischer sagten? Was ist jetzt angemessen zu tun, zu fliehen oder zu bleiben? Das teilt uns jetzt mit."
Tausendklug lachte und sagte: „Fürchte nichts, Sohn: Infolge der bloßen Erinnerung an Worte muss man sich nicht fürchten. Heißt es doch:
Dass Schlangen, Bösewichtern, Räubern von fremdem Gut das nicht gelingt, worauf sie sinnen, das ist's Einzige, was der Welt Fortbestand bringt.
So werden sie also einstweilen gar nicht kommen. Kommen sie aber doch, nun, dann werde ich dich und mich retten durch die Macht meiner Klugheit. Verstehe ich doch viele Arten, sich im Wasser zu bewegen."
Hundertklug sagte, als er dies gehört hatte: „Du redest ganz recht. Du bist in der Tat tausendfach klug. Mit Recht sagt man ja:
Es gibt ja nichts in dieser Welt, dergleichen
Verstand Verständiger nicht kann erreichen.
Tschanakya schlug die Randas durch Verstand,
Ob sie auch Schwerter trugen in der Hand.
Stets dringt der Klugen Klugheit rasch auch dort hinein,
Wohin nicht Zugang haben Wind und Sonnenschein.
Man darf auch, bloß weil man Worte anhörte, den von der Reihe der Väter überkommenen Geburtsort nicht verlassen. Sagt man doch:
Mag immerhin der Himmel herrlich sein,
Verkehr mit schönen Dingen uns verleihn.
Wir fühlen doch in ihm nicht solche Lust wie dort,
Wo wir geboren sind, ist's auch ein dürft'ger Ort.
Deshalb dürfen wir nimmer weggehen. Ich werde dich durch die Macht meines scharfen Verstandes beschützen."

Der Frosch sagte darauf: „Ihr Lieben, ich habe nur einen einfachen Verstand, der mir die Flucht anrät. Drum werde ich mit der Gattin heut noch nach einem andern Teich gehen." Und so tat er in der Nacht. Früh am andern Morgen kamen die Fischer und fingen die unbedeutenden, die mittleren und die wertvollen Wassertiere, Fische, Schildkröten, Frösche, Krebse und andere. Auch Hundertklug und Tausendklug, die eine lange Zeit entrannen und, weil sie verschiedene Arten von Bewegungen verstanden, sich schützten, fielen endlich samt ihren Gattinnen in das Netz und wurden getötet. Am Nachmittag brachen die Fischer erfreut nach Hause auf. Wegen seiner Schwere hatte ihrer einer den Hundertklug auf die Schulter gehoben, Tausendklug wurde, am Stricke hängend, mitgenommen.

Der Frosch, welcher auf den Rand des Teiches gestiegen war, sah, wie sie beide mitgenommen wurden, und sprach zu seiner Gattin: „Sieh doch, Liebe, sieh doch:

Am Stricke hängt der von tausendklugem Sinn,

Freund Hundertklug hoch auf der Schulter ruht.

Ich aber, der ich einfach klug nur bin,

Ich spiele, Liebe, in der klaren Flut."

Das Häschen Prahlhans • aus Russland

Im Wald lebte einmal ein Hase. Im Sommer hatte er genug, im Winter aber musste er zum Bauern auf die Tenne gehen und Hafer stehlen. So kam er wieder einmal zu einem Bauern, als schon eine ganze Schar Hasen versammelt war. Gleich fing er an zu prahlen:

„Mein Schnurrbart ist überlang,
Meine Pfoten sind übergroß,
Meine Zähne sind überstark –
Ich habe vor niemandem Angst!"

Die Hasen erzählten der Tante Krähe von diesem Prahlhans. Die Tante Krähe machte sich auf den Weg, um ihn zu suchen. Sie fand ihn unter einer knorrigen Wurzel.

Der Hase erschrak und sagte:
„Ich will bestimmt nicht mehr prahlen, Tante Krähe!"
„Womit hast du denn geprahlt?"

„Mein Schnurrbart sei überlang,
Meine Pfoten seien übergroß,
Meine Zähne seien überstark!"

Da zauste ihn die Krähe ein wenig und sprach: „So, nun prahle nicht wieder!"
Eines schönen Tages saß die Krähe auf einem Zaun. Da kamen ein paar Hunde des Weges, zerrten sie herunter und machten sich daran, sie zu zerreißen.
Der Hase sah das. „Wie könnt' ich der Krähe nur helfen?" Er sprang auf einen Hügel und machte Männchen. Die Hunde sahen ihn, ließen die Krähe los und stürzten sich auf den Hasen.
Die Krähe flog wieder auf den Zaun, der Hase aber entwischte den Hunden.
Eine Weile darauf begegnet die Krähe wieder dem Hasen, da spricht sie zu ihm:
„Jetzt bist du kein Prahlhans mehr, jetzt bist du ein tapferer, braver Bursche!"

Der Dornenstrauch • Gotthold Ephraim Lessing

„Aber sage mir doch", fragte die Weide den Dornenstrauch, „warum du nach den Kleidern des vorbeigehenden Menschen so begierig bist? Was willst du damit? Was können sie dir helfen?"
„Nichts!", sagte der Dornenstrauch. „Ich will sie ihm auch nicht nehmen. Ich will sie ihm nur zerreißen."

Die Schlange • Hottentotten

Es war einmal ein Weißer, so erzählt man, der traf eine Schlange, auf die ein großer Stein gefallen war, sodass sie sich nicht aufrichten konnte. Da hob der Weiße den Stein von der Schlange auf. Als er ihn aber aufgehoben hatte, wollte die Schlange ihn beißen.

Der Weiße sagte jedoch: „Halt! Lass uns beide erst zu klugen Leuten gehen!"

So gingen sie denn und kamen zur Hyäne. Die fragte der Weiße: „Ist es auch wohl recht, dass die Schlange mich beißen will, obwohl ich ihr half, als sie hilflos unter einem Stein lag?"

Die Hyäne erwiderte: „Nun, was wäre das denn Großes, wenn du gebissen würdest?"

Da wollte ihn die Schlange beißen, aber der Weiße sprach wieder: „Warte erst und lass uns zu andern klugen Leuten gehen, damit ich höre, ob es auch recht ist!"

Als sie weitergingen, trafen sie den Schakal. Da redete der Weiße den Schakal an: „Ist es wohl recht, dass die Schlange mich beißen will, obwohl ich den Stein aufhob, der auf ihr lastete?"

Der Schakal erwiderte: „Ich kann es mir gar nicht vorstellen, dass die Schlange so vom Stein bedeckt sein konnte, dass sie nicht imstande war aufzustehen. Nur wenn ich's mit meinen eignen Augen sähe, würde ich's glauben. Kommt, wir wollen uns auf den Weg machen und zusehen, ob's möglich ist."

So machten sie sich denn alle auf und gingen zu der Stelle, wo es geschehen war. Dort angekommen sprach der Schakal: „Schlange, lege dich nieder und lass dich mit dem Stein bedecken."

Da legte der Weiße den Stein auf sie und, obwohl sie sich sehr anstrengte, konnte sie doch nicht aufstehen. Der weiße Mann wollte den Stein wieder aufheben, aber der Schakal sprach: „Lass sie nur liegen, sie wollte dich ja beißen. Sie mag allein aufstehen!"

Und beide gingen davon.

Warum das Schwein weinte • nach Iwan Krylow

Ein Schwein, das auf einem Bauernhof lebte, hörte, wie sich die Menschen stets mit seinem Namen beschimpften.
Die Magd meinte zum Knecht: „Du hast mich belogen, du bist ein Schwein!"
Der Bauer sagte: „Dieser Händler ist ein Schwein, er hat uns betrogen!"
Und die Bäuerin schalt mit der Magd: „Wie schmutzig die Küche wieder ist. Das ist doch eine Schweinerei!"
So ging es weiter und das Schwein wurde immer trauriger und bedrückter. Eines Tages, als es wieder zuhören musste, wie man seinen Namen missbrauchte, legte es sich in seinem Koben nieder und weinte.
Im Stall war aber auch ein munterer kleiner Esel. „Warum weinst du?", fragte er voll Anteilnahme das Schwein.
„An meiner Stelle würdest du auch weinen", schluchzte das Schwein. Und es erzählte dem Esel alles.
Der Esel hörte mitfühlend zu und sagte: „Ja, das ist wirklich eine Schweinerei!"

Gänsezug • Marie von Ebner-Eschenbach

Die erste Gans im Gänsezug,
Sie schnattert: „Seht, ich führe!"
Die letzte Gans im Gänsezug,
Sie schnattert: „Seht, ich leite!"

Und jede Gans im Gänsezug,
Sie denkt: „Dass ich mich breite
So selbstbewusst, das kommt daher,
Weil ich, ein unumschränkter Herr,
Den Weg mir wähl nach eig'nem Sinn,
All meiner Schritte Schreiter bin
Und meine Freiheit spüre!"

Die Wohltaten • Gotthold Ephraim Lessing

In zwei Fabeln

I

„Hast du wohl einen größren Wohltäter unter den Tieren als uns?", fragte die Biene den Menschen.
„Jawohl!", erwiderte dieser.
„Und wen?"
„Das Schaf! Denn seine Wolle ist mir notwendig, und dein Honig ist mir nur angenehm."

II

„Und willst du noch einen Grund wissen, warum ich das Schaf für meinen größeren Wohltäter halte als die Biene? Das Schaf schenkt mir seine Wolle ohne die geringste Schwierigkeit. Aber wenn du mir deinen Honig schenkst, muss ich mich noch immer vor deinem Stachel fürchten."

Die Gans, die goldene Eier legte • nach Äsop

Es war einmal ein Mann, ein rechter Glückspilz, der eine Gans besaß, die ihm jeden Tag ein wunderbares, goldenes Ei legte. Das gefiel dem Mann, aber nachdem eine Zeit vergangen war, begann er darüber nachzugrübeln, woher das Gold der Eier wohl käme.

‚Es kann nur so sein‘, dachte er, ‚dass in ihrem Bauch ein ganzer Goldklumpen steckt!‘

Und weil er nie von allem genug kriegte, packte ihn die Gier. Er beschloss, die Wundergans zu schlachten, um das ganze Gold auf einmal zu bekommen.

Gesagt, getan. Doch als der Mann seine Gans aufschnitt, stieß er nur auf das, was alle Gänse in ihrem Bauche haben. So brachte ihn seine Habsucht um den vermeintlichen Riesenreichtum, aber auch um das tägliche goldene Ei, das ihm seine Gans getreulich weiter gelegt hätte, bis sie von selber gestorben wäre.

Der Ursprung des Todes • aus Südwestafrika

Einst sandte der Mond den Hasen auf die Erde nieder, um den Menschen zu verkünden, dass wie er hinstürbe und wieder lebendig würde, so sollte auch ein jedes Menschenkind sterben und wieder lebendig werden.
Anstatt aber nun die Botschaft genau auszurichten, sagte der Hase, sei es nun aus Vergesslichkeit oder aus Böswilligkeit, den Menschen, dass wie der Mond erschiene und hinstürbe, so sollten auch die Menschen sterben und nicht wieder lebendig werden.
Als der Hase dann zum Mond zurückgekehrt war, wurde er von demselben befragt, ob er seine Botschaft ausgerichtet habe. Wie nun der Mond erfuhr, was jener getan, ward er so zornig, dass er ein Beil ergriff, um dem Hasen den Kopf zu spalten. Da der Schlag aber zu kurz geführt wurde, so fiel das Beil auf die Oberlippe des Hasen nieder und verletzte dieselbe nicht unbedeutend. Daher stammt nun die sogenannte Hasenscharte, welche noch jetzt zu sehen ist.
Da der Hase über eine solche Behandlung höchst empört war, nahm er seine Nägel zu Hilfe und zerkratzte damit des Mondes Antlitz. Die dunklen Partien, die wir noch jetzt an der Oberfläche des Mondes wahrnehmen, sind die Schrammen, die er bei dieser Gelegenheit erhielt.

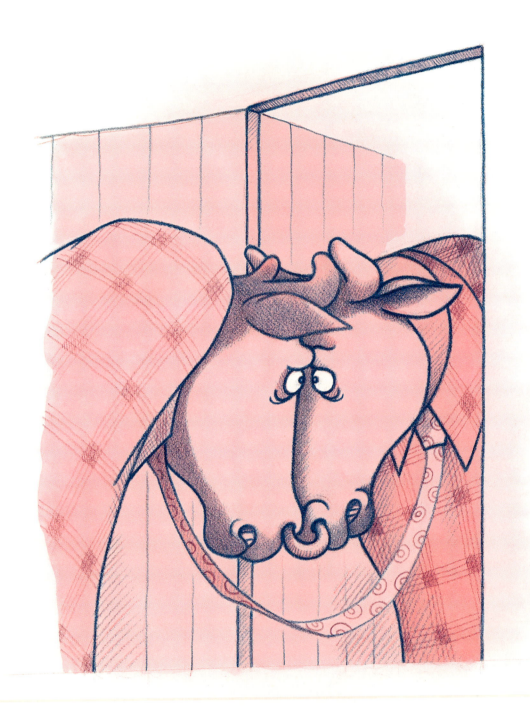

Der Kobold • Wilhelm Busch

In einem Häuschen, sozusagen –
(Den ersten Stock bewohnt der Magen)
In einem Häuschen war's nicht richtig.
Darinnen spukt' und tobte tüchtig
Ein Kobold, wie ein wildes Bübchen,
Vom Keller bis zum Oberstübchen.
Fürwahr, es war ein bös Getös.
Der Hausherr wird zuletzt nervös,
Und als ein desperater Mann
Steckt er kurzweg sein Häuschen an
Und baut ein Haus sich anderswo
Und meint, da ging es ihm nicht so.
Allein, da sieht er sich betrogen.
Der Kobold ist mit umgezogen
Und macht Spektakel und Rumor,
Viel ärger noch als wie zuvor.
„Ha", rief der Mann, „wer bist du, sprich!"
Der Kobold lacht: „Ich bin dein Ich."

Die kleine rote Henne und die Weizenkörner • anonym

Als die kleine rote Henne nach Futter scharrte,
fand sie eines Tages ein paar Weizenkörner.
„Wer will den Weizen säen?", fragte sie.
„Ich nicht", sagte die Ente.
„Ich nicht", sagte der Hund.
„Ich auch nicht", sagte die Katze.
„Nun gut", sagte die kleine rote Henne, „dann werde ich es tun."
Und sie säte die Weizenkörner aus.

Nach geraumer Zeit stand der Weizen hoch und war reif.
„Wer will den Weizen schneiden?", fragte die kleine rote Henne.
„Ich nicht", sagte die Ente.
„Ich nicht", sagte der Hund.
„Ich auch nicht", sagte die Katze.
„Nun gut", sagte die kleine rote Henne, „dann werde ich es tun."
Und sie schnitt den Weizen.

Dann fragte die kleine rote Henne:
„Wer will nun den Weizen dreschen?"
„Ich nicht", sagte die Ente.
„Ich nicht", sagte der Hund.
„Ich auch nicht", sagte die Katze.
„Nun gut, dann werde ich es tun", sagte die kleine rote
Henne und drosch den Weizen.

Als der Weizen gedroschen war, fragte sie:
„Wer will den Weizen zur Mühle bringen und zu Mehl mahlen?"
„Ich nicht", sagte die Ente.
„Ich nicht", sagte der Hund.
„Ich auch nicht", sagte die Katze.
„Nun gut, dann werde ich es tun", sagte die kleine
rote Henne und ging zur Mühle.

Als der Weizen zu Mehl vermahlen war,
fragte sie: „Wer will Brot backen?"
„Ich nicht", sagte die Ente.
„Ich nicht", sagte der Hund.
„Ich auch nicht", sagte die Katze.
„Nun gut, dann werde ich es tun", sagte die kleine rote Henne
und backte ein knuspriges Brot.

„Wer möchte Brot haben?", fragte sie dann.
„Oh, ich!", rief die Ente.
„Oh, ich!", rief der Hund.
„Oh, ich auch!", rief die Katze.
„Oh, nein, keiner von euch", sagte die kleine rote Henne.
Sie lockte ihre Küken herbei und teilte mit ihnen das Brot.

Der Dank des Löwen • Romulus

Die Mächtigen müssen den Geringen ihre Dankbarkeit erweisen, und auch wenn lange Zeit vergeht, darf es kein Vergessen geben. Dass Entsprechendes wirklich geschah, davon zeugt die folgende Fabel.

Ein Löwe hatte sich einmal im Walde verirrt, und während er hin und her lief, trat er in einen Splitter, und weil sich innen Eiter ansammelte, begann er zu hinken. So traf er einen Hirten. Dem schmeichelte er in einem fort mit seinem Schweif und hob dabei beständig die Pfote.

Als der Hirte den Löwen auf sich zukommen sah, entsetzte er sich zunächst und hielt ihm seine Schafe hin, weil er meinte, jener suche nach Nahrung. Doch dem Löwen ging es nicht um Nahrung, sondern vielmehr um Heilung, und ohne zu zögern, legte er seine Pfote dem Hirten auf den Schoß. Sobald nun der Hirte die Wunde und die große Eiterbeule erblickte, kam ihm geistesgegenwärtig der rettende Gedanke. Er nahm eine scharfe Ahle und öffnete damit vorsichtig die Wunde. Sowie das Geschwür aufgestochen war, ging mit dem Eiter zugleich der Splitter ab.

Der Löwe verspürte Erleichterung und zum Dank für die Heilung beleckte er die Hand des Hirten. Ein Weilchen blieb er noch bei ihm sitzen, dann hatte sich seine alte Kraft wiedereingestellt und er trollte munter davon.

Nach geraumer Zeit wurde der Löwe gefangen und für die Arena des Amphitheaters bestimmt. Der Hirte aber wurde in einem Prozess verurteilt und den wilden Tieren zum Fraße vorgeworfen, gerade dort, wohin man den Löwen gebracht hatte. Man führte den Hirten in die Arena und ließ gleichzeitig den Löwen los. Der ging mit gewohntem Schwung zum Angriff, um dann allmählich innezuhalten. Sobald er nämlich zu dem Hirten gekommen war, hatte er ihn erkannt und hob nun unter mächtigem Gebrüll seine Augen und seinen Blick zu den Anwesenden. Darauf machte er am Balkon entlang die Runde und nahm zurückkehrend seinen Platz neben dem Verurteilten, bat ihn, nach Hause zu gehen, und wich nicht von ihm.

Da erst begriff der Hirte, dass der Löwe um seinetwillen so lange verharrte, und er vermutete, er müsse derjenige sein, mit dem er bereits im Wald Bekanntschaft geschlossen und dem er die Geschwulst geöffnet hatte. Ein weiterer und ein dritter Löwe wurden in die Arena gelassen, damit der erste zurückweichen sollte. Doch der blieb, wo er war, und verteidigte seinen Schützling.

Als das die Zuschauer sahen, verfielen sie in großes Staunen und fragten den Verurteilten nach den Zusammenhängen. Nachdem der Hirte den Leuten den Grund berichtet hatte, forderten diese in großer Abstimmung für beide die Begnadigung. Und so wurden sie zugleich entlassen, der Löwe in seinen Wald und der Hirte zu seinen Angehörigen.

Der Tiger und der Fuchs • Novalis

„Tiger", sprach der Löwe zu seinem Favoriten, „ich kann den Fuchs nicht mehr ausstehn. Er spöttelt unaufhörlich, schaff ihn mir vom Halse."
Freudig lief der Tiger zum Fuchs: „Nichtswürdiger, du hast die Königin beleidigt."
„Wann denn?", sagte der Fuchs. „Ich weiß nichts davon."
„So hast du doch gestern den König verleumdet."
„Das ist eine ebenso schändliche Lüge wie die erste!", schrie der Fuchs.
„Oh, himmelschreiendes Verbrechen! Du beschuldigst mich der Lügen! Das muss ich rächen!"
Und hiermit fraß er ihn auf.

Die Taube und die Ameise • Jean de La Fontaine

Aus einem klaren Bach einst eine Taube trank,
Als eine Ameise beinah darin versank,
Ein Ozean ja war es für das Ämselein,
Und nicht durch eigne Kraft wär' sie daraus entkommen.
Da zeigt' die Taube sich mitleidig ihr und gut,
Ein Hälmchen Gras warf sie hinunter in die Flut,
An dem die Ameise bald das Ufer hat erklommen.
Sie steigt auf sicheres Gebiet,
Wie grad des Weges dort barfuß ein Jüngling zieht,
Der eine Armbrust trägt zufällig in der Hand.
Wie er der Venus Vogel sieht,
Meint er, zum prächt'gen Schmaus sei der ihm wohl gesandt.
Er will ihn töten, doch wie er die Armbrust spannt,
Beißt ihn die Ameise in den Fuß.
Kaum hat er sich da umgewandt,
Merkt es die Taube und entfliehet schnell dem Schuss.
Mit ihr entfloh auch des Jünglings Festgericht:
Die Tauben sind so billig nicht.

Vom Fichtenbaum, dem Teiche und den Wolken •
Gottfried Keller

Die herrliche Abendsonne beschien mit ihren goldenen Strahlen einen großen Fichtenbaum, welcher an einer felsigen Berghalde stand. Sein stacheliges Laub prangte im schönsten Grün und seine Äste waren wie mit Feuer übergossen und glänzten weithin durch die Gegend. Er freute sich dieses Glanzes und meinte, all diese Herrlichkeit gehe von ihm selbst aus und sei sein eigenes Verdienst, sodass er sehr eitel ward und prahlend ausrief: „Seht her, ihr andern Gewächse und Geschöpfe um mich her! Wo erscheint eines in solcher Pracht wie ich edle Fichte? Gewiss, ihr seid sehr zu bedauern, dass euch der Schöpfer nicht schöner geschmückt hat."

Die Sonne hörte diese eitle Rede und wurde darüber unwillig, sodass sie ihre Strahlen von dem Baume weg auf einen dunklen Teich wandte, der unter dem Berge in tiefer Ruhe lag. Der Fichtenbaum sah nun so öd und traurig aus wie vorher. Der Teich aber bewegte sich freudig in kleinen goldenen Wellen und widerstrahlte das Bild der Sonne in tausend Feuerpunkten. Allein auch er wurde stolz darauf und glaubte am Ende, er selbst sei die Quelle all dieser Klarheit, und verspottete die anderen Gewässer, welche im Schatten lagen.

Da wurde die Sonne abermals unwillig, zog Wolken zusammen, in denen sie sich verhüllte, und der Teich lag nun wieder in seinem düsteren melancholischen Grau wie zuvor und schämte sich. Die Wolken hingegen begannen jetzt zu glühen und zu scheinen wie Purpur und verbreiteten sich wohlgefällig im abendlichen Himmel, als die Erde schon im Schatten lag. Da wurden auch sie übermütig und riefen: „Erglänzen wir nicht viel schöner denn die Sonne?"

Und zum dritten Male wurde die Sonne unwillig und indem sie hinter den Horizont hinabstieg, entzog sie ihre Strahlen den undankbaren Luftgebilden. Und Wolken, See und Bäume verschwammen nun in der grauen Dämmerung, endlich die Nacht all diese eitlen Geschöpfe der Vergessenheit übergab.

Der Rabe und der Fuchs • Jean de La Fontaine

Auf einem hohen Baum sitzt Meister Rabe,
Hält einen Käs im Schnabel fest,
Doch riechet unten Meister Fuchs die Labe,
Weshalb er so sich hören lässt:
„Ah, Herr von Rabe, guten Tag!
Wie seid Ihr doch so schön, dass man sich freuen mag.
Ja wahrlich, stimmen Eure Lieder
Zu Eurem prächtigen Gefieder,
So seid Ihr wert, dass man als Phönix Euch begrüßte."

Wie freut der Rabe sich, da diese Worte schallen!
Zu zeigen seiner Stimme Süße,
Tut er den Schnabel auf und lässt die Beute fallen.
Der Fuchs fasst sie und spricht: „Mein guter Herr, o wisst,
Dass jeder Schmeichler lebt und isst
Auf dessen Kosten, der ihn willig hört.
Die gute Lehre ist schon einen Käse wert."
Der Rabe, ganz bestürzt, verlegen,
Schwört, etwas spät, ihn sollt nichts mehr dazu bewegen.

Das Krokodil, der Tiger und der Wandersmann • August Gottlieb Meißner

Auf einem schmalen Weg, wo zur rechten Hand ein hohes Gebirge emporstieg und zur Linken der Ganges floss, ging ein Wanderer.

Plötzlich sah er vom Berg herab einen grimmigen Tiger auf sich zueilen. Um ihm zu entgehen, wollte er sich in den Strom stürzen und sich durch Schwimmen retten, so gut er könne, als aus dem Strom ein Krokodil emporfuhr.

„Oh, ich Elender!", rief der arme Wanderer. „Wohin ich blicke, ist der gewisse Tod." Voll unaussprechlicher Angst sank er bei diesen Worten zu Boden.

Der Tiger, schon dicht an ihm, tat einen jähen Sprung und – fiel dem Krokodil in den Rachen.

Zufrieden mit seiner Beute fuhr dieses wieder in die Tiefe hinab. Erhalten und unbeschädigt ging der Wandersmann von dannen.

Auch in höchster Gefahr verzweifle noch nicht! Oft dient zu deiner Erhaltung, was im ersten Augenblick deines Untergangs Vollendung schien.

Nachwort

Gesetzt den Fall, ihr habt ein Schaf gekränkt ... •
Robert Gernhardt

Gesetzt den Fall, ihr habt ein Schaf gekränkt –
(„Gesetzt den Fall" heißt „Nehmen wir mal an") –,
gesetzt den Fall, es hat den Kopf gesenkt
und ist euch böse, ja, was dann?

Dann solltet ihr dem Schaf was Liebes sagen,
ihr könnt ihm auch dabei den Rücken streicheln,
ihr dürft nicht „Na? Warum so sauer?" fragen,
ihr müsst dem Schaf mit Freundlichkeiten schmeicheln.

Sagt mir jetzt nicht: „Ich wohn doch in der Stadt,
wo soll ich da um Himmels willen Schafe kränken?"
Ich gebe zu, dass das was für sich hat,
doch bitte ich euch trotzdem zu bedenken:

Ein gutes Wort ist nie verschenkt,
nicht nur bei Schafen, sondern überall.
Auch trefft ihr Schafe öfter, als ihr denkt.
Nicht nur auf Wiesen. Und nicht nur im Stall.

(Na, wo denn noch?)

Inhaltsverzeichnis

Vorwort 4
Sybil Gräfin Schönfeldt

Der Tanzbär 7
Gotthold Ephraim Lessing

Fink und Frosch 8
Wilhelm Busch

Das Chamäleon und der Elefant 11
aus Afrika

Der Zaunkönig und der Bär 12
Brüder Grimm

Der Affe und die Erbsen 15
nach Leo Tolstoi

Der Fuchs und die Weintrauben 16
Jean de La Fontaine

Der Naturalist 17
nach Gotthold Ephraim Lessing

Der Löwe und die Maus, die eine
Wohltat erwidert 18
Äsop

Der Hahn und der Fuchs 20
Jean de La Fontaine

Der Adler, die Dohle und der Hirte 23
Äsop

Der stolze Schmetterling 24
aus dem Sudan

Die Bienen und Zeus 25
Äsop

Als die Katze nicht zu Hause war 26
aus Nordamerika

Der Hase und die Frösche 28
Jean de La Fontaine

Wie das Kamel seinen Buckel bekam 30
Rudyard Kipling

Zweierlei Mahlzeit 34
Äsop

Die alten und die jungen Frösche 36
Abraham a Santa Clara

Der Rangstreit der Tiere 38
Gotthold Ephraim Lessing

Das Quartett 40
nach Iwan Krylow

Ein Vergleich 41
Marie von Ebner-Eschenbach

Die Ameise und das Weizenkorn 42
nach Leonardo da Vinci

Das Pferd 43
Novalis

Der Esel, der Fuchs und der Löwe 44
Äsop

Der Affe als Fischer 46
Babrios

Diplomatischer Rat 48
Franz Grillparzer

Von der Stadtmaus und
der Feldmaus 50
Martin Luther

Das Haselhuhn und
die Schildkröte 51
aus Afrika

Kleine Fabel 52
Franz Kafka

Der Kürbis und der Apfelkern 54
Josef Guggenmos

Äsop und der Esel 55
Gotthold Ephraim Lessing

Hund und Katze 56
Wilhelm Busch

Nichts mehr als nichts – Die Fabel
vom Gewicht einer Schneeflocke 58
anonym

Der Fuchs und die Gänse 59
Brüder Grimm

Das Schwein, die Ziege und
das Schaf 61
Jean de La Fontaine

Die Ohren des Hasen 63
Jean de La Fontaine

Die Kaninchen, die an
allem schuld waren 64
James Thurber

Der tugendhafte Hund 66
Heinrich Heine

Der Mäuserich als Freier 68
Marie de France

Der humorvolle Vogel 70
Wilhelm Busch

Vom Löwen und dem Hasen 72
aus Indien

Warum Hund und Katze
sich feind sind 74
aus China

Vom Hunde im Wasser 75
Martin Luther

Der Schwan, der Hecht
und der Krebs 76
nach Iwan Krylow

Der Krebs und seine Mutter 77
Äsop

Das Ross und der Stier 78
nach Gotthold Ephraim Lessing

Die Sonne und der Wind 80
Johann Gottfried Herder

Der Adler und die Füchsin 81
Äsop

Die Katze und die Ratte 82
Jean de La Fontaine

Neidlose Freundschaft –
Die Nachtigall und der Pfau 85
Gotthold Ephraim Lessing

Der Bär als Richter 86
aus Finnland

Die Hähne und das Rebhuhn 89
Äsop

Der Rat der Ratten 90
Jean de La Fontaine

Hirsch und Fuchs 91
nach Gotthold Ephraim Lessing

Die Stute und der Ackergaul 92
Leo Tolstoi

Der Adler und die Schnecke 94
August Friedrich Ernst Langbein

Der Löwe und der Hase 95
Gotthold Ephraim Lessing

Der Wolf und die Hirten 96
Iwan Krylow

Der Affe und der Fuchs 97
Gotthold Ephraim Lessing

Der Bär, der es bleiben ließ 99
James Thurber

Die Tulipane 100
Magnus Gottfried Lichtwer

Der kranke Löwe 102
aus Südwestafrika

Die Krähe und der Kranich 104
aus Australien

Das Nilpferd 106
Marie von Ebner-Eschenbach

Der Wolf und das Lamm 108
Äsop

Der Phönix 109
Gotthold Ephraim Lessing

Ein Maulwurf 110
Wilhelm Busch

Der Gärtner und das Ferkel 112
John Gay

Der Reiher 114
August Heinrich Hoffmann
von Fallersleben

Zu gut gelebt   116
Wilhelm Busch

Orientalischer Kongress   119
Franz Grillparzer

Der Geizhals und der Affe   120
Christian Felix Weiße

Der Adler   121
Gotthold Ephraim Lessing

Der Apfelbaum und die Tanne   122
Arthur Schopenhauer

Der Igel   123
nach Leo Tolstoi

Der Fuchs und der Ziegenbock   124
Jean de La Fontaine

Der Esel und die Frösche   126
nach Äsop

Katze bleibt Katze   127
aus China

Der Bär und der Elefant   128
Gotthold Ephraim Lessing

Kindliches Verlangen   129
nach Äsop

Die junge Schwalbe   130
Gotthold Ephraim Lessing

Das Kamel wird zum
ersten Mal gesichtet   131
Äsop

Das Pferd und der Esel   132
nach Äsop

Das Truthuhn und die Ameise   134
John Gay

Die Schlange   135
Magnus Gottfried Lichtwer

Der Fuchs und der Rabe   136
James Thurber

Kluger Hase und
dankbarer Ziegenbock   138
aus Brasilien

Der Kranich und der Pfau   141
nach Babrios

Der Wolf und der Fuchs   142
Jean de La Fontaine

Der Löwe   144
Lafcadio Hearn

Das Geschenk der Feen   147
Gotthold Ephraim Lessing

Vom Frosch und der Maus   148
Martin Luther

Wolf und Stachelschwein   149
Friedrich Haug

Die allzu klugen Fische 150
aus Indien

Das Häschen Prahlhans 152
aus Russland

Der Dornenstrauch 153
Gotthold Ephraim Lessing

Die Schlange 154
Hottentotten

Warum das Schwein weinte 156
nach Iwan Krylow

Gänsezug 157
Marie von Ebner-Eschenbach

Die Wohltaten 158
Gotthold Ephraim Lessing

Die Gans, die goldene Eier legte 159
nach Äsop

Der Ursprung des Todes 160
aus Südwestafrika

Der Kobold 163
Wilhelm Busch

Die kleine rote Henne und
die Weizenkörner 164
anonym

Der Dank des Löwen 166
Romulus

Der Tiger und der Fuchs 169
Novalis

Die Taube und die Ameise 170
Jean de La Fontaine

Vom Fichtenbaum, dem Teiche
und den Wolken 171
Gottfried Keller

Der Rabe und der Fuchs 172
Jean de La Fontaine

Das Krokodil, der Tiger und
der Wandersmann 174
August Gottlieb Meißner

Nachwort
Gesetzt den Fall, ihr habt
ein Schaf gekränkt … 176
Robert Gernhardt

Quellenverzeichnis 188

Zu den Autoren 199

Alphabetisches Verzeichnis der Fabeln

Als die Katze nicht zu Hause war   26
aus Nordamerika

Äsop und der Esel   55
Gotthold Ephraim Lessing

Das Chamäleon und der Elefant   11
aus Afrika

Das Geschenk der Feen   147
Gotthold Ephraim Lessing

Das Häschen Prahlhans   152
aus Russland

Das Haselhuhn und die Schildkröte 51
aus Afrika

Das Kamel wird zum
ersten Mal gesichtet   131
Äsop

Das Krokodil, der Tiger und
der Wandersmann   174
August Gottlieb Meißner

Das Nilpferd   106
Marie von Ebner-Eschenbach

Das Pferd   43
Novalis

Das Pferd und der Esel   132
nach Äsop

Das Quartett   40
nach Iwan Krylow

Das Ross und der Stier   78
nach Gotthold Ephraim Lessing

Das Schwein, die Ziege
und das Schaf   61
Jean de La Fontaine

Das Truthuhn und die Ameise   134
John Gay

Der Adler   121
Gotthold Ephraim Lessing

Der Adler, die Dohle
und der Hirte   23
Äsop

Der Adler und die Füchsin   81
Äsop

Der Adler und die Schnecke   94
August Friedrich Ernst Langbein

Der Affe als Fischer   46
Babrios

Der Affe und der Fuchs   97
Gotthold Ephraim Lessing

Der Affe und die Erbsen   15
nach Leo Tolstoi

Der Apfelbaum und die Tanne 122
Arthur Schopenhauer

Der Bär als Richter 86
aus Finnland

Der Bär, der es bleiben ließ 99
James Thurber

Der Bär und der Elefant 128
Gotthold Ephraim Lessing

Der Dank des Löwen 166
Romulus

Der Dornenstrauch 153
Gotthold Ephraim Lessing

Der Esel, der Fuchs und der Löwe 44
Äsop

Der Esel und die Frösche 126
nach Äsop

Der Fuchs und der Rabe 136
James Thurber

Der Fuchs und der Ziegenbock 124
Jean de La Fontaine

Der Fuchs und die Gänse 59
Brüder Grimm

Der Fuchs und die Weintrauben 16
Jean de La Fontaine

Der Gärtner und das Ferkel 112
John Gay

Der Geizhals und der Affe 120
Christian Felix Weiße

Der Hahn und der Fuchs 20
Jean de La Fontaine

Der Hase und die Frösche 28
Jean de La Fontaine

Der humorvolle Vogel 70
Wilhelm Busch

Der Igel 123
nach Leo Tolstoi

Der Kobold 163
Wilhelm Busch

Der Kranich und der Pfau 141
nach Babrios

Der kranke Löwe 102
aus Südwestafrika

Der Krebs und seine Mutter 77
Äsop

Der Kürbis und der Apfelkern 54
Josef Guggenmos

Der Löwe 144
Lafcadio Hearn

Der Löwe und der Hase   95
Gotthold Ephraim Lessing

Der Löwe und die Maus,
die eine Wohltat erwidert   18
Äsop

Der Mäuserich als Freier   68
Marie de France

Der Naturalist   17
nach Gotthold Ephraim Lessing

Der Phönix   109
Gotthold Ephraim Lessing

Der Rabe und der Fuchs   172
Jean de La Fontaine

Der Rangstreit der Tiere   38
Gotthold Ephraim Lessing

Der Rat der Ratten   90
Jean de La Fontaine

Der Reiher   114
August Heinrich Hoffmann
von Fallersleben

Der Schwan, der Hecht
und der Krebs   76
nach Iwan Krylow

Der stolze Schmetterling   24
aus dem Sudan

Der Tanzbär   7
Gotthold Ephraim Lessing

Der Tiger und der Fuchs   169
Novalis

Der tugendhafte Hund   66
Heinrich Heine

Der Ursprung des Todes   160
aus Südwestafrika

Der Wolf und das Lamm   108
Äsop

Der Wolf und der Fuchs   142
Jean de La Fontaine

Der Wolf und die Hirten   96
Iwan Krylow

Der Zaunkönig und der Bär   12
Brüder Grimm

Die allzu klugen Fische   150
aus Indien

Die alten und die jungen Frösche   36
Abraham a Santa Clara

Die Ameise und das Weizenkorn   42
nach Leonardo da Vinci

Die Bienen und Zeus   25
Äsop

185

Die Gans, die goldene Eier legte   159
nach Äsop

Die Hähne und das Rebhuhn   89
Äsop

Die junge Schwalbe   130
Gotthold Ephraim Lessing

Die Kaninchen, die an
allem schuld waren   64
James Thurber

Die Katze und die Ratte   82
Jean de La Fontaine

Die kleine rote Henne und
die Weizenkörner   164
anonym

Die Krähe und der Kranich   104
aus Australien

Die Ohren des Hasen   63
Jean de La Fontaine

Die Schlange   154
Hottentotten

Die Schlange   135
Magnus Gottfried Lichtwer

Die Sonne und der Wind   80
Johann Gottfried Herder

Die Stute und der Ackergaul   92
Leo Tolstoi

Die Taube und die Ameise   170
Jean de La Fontaine

Die Tulipane   100
Magnus Gottfried Lichtwer

Die Wohltaten   158
Gotthold Ephraim Lessing

Diplomatischer Rat   48
Franz Grillparzer

Ein Maulwurf   110
Wilhelm Busch

Ein Vergleich   41
Marie von Ebner-Eschenbach

Fink und Frosch   8
Wilhelm Busch

Gänsezug   157
Marie von Ebner-Eschenbach

Hirsch und Fuchs   91
nach Gotthold Ephraim Lessing

Hund und Katze   56
Wilhelm Busch

Katze bleibt Katze   127
aus China

Kindliches Verlangen   129
nach Äsop

Kleine Fabel   52
Franz Kafka

Kluger Hase und dankbarer
Ziegenbock   138
aus Brasilien

Neidlose Freundschaft –
Die Nachtigall und der Pfau   85
Gotthold Ephraim Lessing

Nichts mehr als nichts – Die Fabel
vom Gewicht einer Schneeflocke   58
anonym

Orientalischer Kongress   119
Franz Grillparzer

Vom Fichtenbaum, dem Teiche
und den Wolken   171
Gottfried Keller

Vom Frosch und der Maus   148
Martin Luther

Vom Hunde im Wasser   75
Martin Luther

Vom Löwen und dem Hasen   72
aus Indien

Von der Stadtmaus und
der Feldmaus   50
Martin Luther

Warum das Schwein weinte   156
nach Iwan Krylow

Warum Hund und Katze
sich feind sind   74
aus China

Wie das Kamel seinen
Buckel bekam   30
Rudyard Kipling

Wolf und Stachelschwein   149
Friedrich Haug

Zu gut gelebt   116
Wilhelm Busch

Zweierlei Mahlzeit   34
Äsop

Nachwort
Gesetzt den Fall, ihr habt ein
Schaf gekränkt ...   176
Robert Gernhardt

Quellenverzeichnis

Alle hier nicht aufgeführten Texte wurden vom Verlag bearbeitet.

Fabeln bekannter Autoren

Äsop: Das Kamel wird zum ersten Mal gesichtet
Aus: ders., Fabeln, Griechisch/Deutsch, übers. v. Thomas Voskuhl,
Philipp Reclam jun., Stuttgart 2005.

Äsop: Der Adler, die Dohle und der Hirte
Aus: ders., Fabeln, Reclam 2005.

Äsop: Der Adler und die Füchsin
Aus: ders., Fabeln, Reclam 2005.

Äsop: Der Esel, der Fuchs und der Löwe
Aus: ders., Fabeln, Reclam 2005.

Äsop: Der Krebs und seine Mutter
Aus: Antike Fabeln in einem Band, hrsg. u. übers. v. Johannes Irmscher,
Bibliothek der Antike, Aufbau Verlag, Berlin/Weimar 1978.

Äsop: Der Löwe und die Maus, die eine Wohltat erwidert
Aus: ders., Fabeln, Reclam 2005.

Äsop: Der Wolf und das Lamm
Aus: ders., Fabeln, Reclam 2005.

Äsop: Die Bienen und Zeus
Aus: ders., Fabeln, Reclam 2005.

Äsop: Die Gans, die goldene Eier legte (nacherzählt v. Sybil Gräfin Schönfeldt)
Aus: Das große Fabelbuch für Kinder, hrsg. v. Sybil Gräfin Schönfeldt,
Annette Betz Verlag im Verlag Carl Ueberreuter, Wien/München 1997.

Äsop: Die Hähne und das Rebhuhn
Aus: ders., Fabeln, Reclam 2005.

Äsop: Zweierlei Mahlzeit
Aus: Das Hausbuch der Fabeln - Fabeln aus aller Welt,
hrsg. v. Paul Alverdes, Ehrenwirth Verlag, München 1990.

Babrios: Der Affe als Fischer
Aus: Antike Fabeln in einem Band, Aufbau 1978.

Wilhelm Busch: Der humorvolle Vogel
Aus: ders., Gesamtwerk in drei Bänden, Band 3, hrsg. v. Hugo Werner,
Füllhorn Sachbuch-Verlag, Stuttgart 2007.

Wilhelm Busch: Der Kobold
Aus: ders., Gesamtwerk in drei Bänden, Füllhorn 2007.

Wilhelm Busch: Ein Maulwurf
Aus: ders., Gesamtwerk in drei Bänden, Füllhorn 2007.

Wilhelm Busch: Fink und Frosch
Aus: ders., Gesamtwerk in drei Bänden, Füllhorn 2007.

Wilhelm Busch: Hund und Katze
Aus: ders., Gesamtwerk in drei Bänden, Füllhorn 2007.

Wilhelm Busch: Zu gut gelebt
Aus: ders., Gesamtwerk in drei Bänden, Füllhorn 2007.

Marie von Ebner-Eschenbach: Das Nilpferd
Aus: Die Frau. Monatsschrift für das gesamte Frauenleben unserer Zeit,
hrsg. v. Helene Lange, 4. Jg. 1897, Herbig Verlag Berlin.

Marie von Ebner-Eschenbach: Ein Vergleich
Aus: Fabeln und Parabeln der Weltliteratur, hrsg. v. Theodor Etzel, Bechtermünz Verlag, Eltville am Rhein 1990.

Marie von Ebner-Eschenbach: Gänsezug
Aus: Fabeln und Parabeln der Weltliteratur, Bechtermünz 1990.

August Heinrich Hoffmann von Fallersleben: Der Reiher
Aus: Das Fabelbuch von Äsop bis heute, hrsg. v. Irmgard Harrer, Annette Betz Verlag im Verlag Carl Ueberreuter, Wien/München 2003.

Marie de France: Der Mäuserich als Freier
Aus: Das große Fabelbuch für Kinder, Annette Betz 1997.

John Gay: Das Truthuhn und die Ameise
Aus: Fabeln und Parabeln der Weltliteratur, Bechtermünz 1990.

John Gay: Der Gärtner und das Ferkel
Aus: Fabeln und Parabeln der Weltliteratur, Bechtermünz 1990.

Robert Gernhardt: Gesetzt den Fall, ihr habt ein Schaf gekränkt …
Aus: ders., Ein gutes Wort ist nie verschenkt. Gedichte und Geschichten für Kinder, © S. Fischer Verlag GmbH, Frankfurt am Main 2010.

Franz Grillparzer: Diplomatischer Rat
Aus: Das Hausbuch der Fabeln, Ehrenwirth 1990.

Franz Grillparzer: Orientalischer Kongress
Aus: ders., Werke in vier Bänden, Band 2, hrsg. v. Prof. Dr. Friedrich Schreyvogel, Verlag „Das Bergland-Buch", Salzburg 1984.

Brüder Grimm: Der Fuchs und die Gänse
Aus: Das Große Buch der Tiermärchen, hrsg. v. Janusz Grabianski, Verlag Carl Ueberreuter, Wien/Heidelberg 1962.

Brüder Grimm: Der Zaunkönig und der Bär
Aus: dies., Grimms Märchen – Vollständige Ausgabe, Band 2,
hrsg. v. Carl Helbling, Manesse Bibliothek der Weltliteratur,
Manesse Verlag, Zürich o.J.

Josef Guggenmos: Der Kürbis und der Apfelkern
Aus: ders., Ich will dir was verraten, © Beltz & Gelberg in
der Verlagsgruppe Beltz, Weinheim/Basel 1992.

Friedrich Haug: Wolf und Stachelschwein
Aus: Iris. Ein Taschenbuch für 1811, hrsg. v. J. C. Jacobi, Orell,
Füßli & Co., Zürich 1811.

Lafcadio Hearn: Der Löwe
Aus: Östlich der Sonne und westlich vom Mond, hrsg. v. Paul Maar,
Aufbau Verlag, Berlin 2006.

Heinrich Heine: Der tugendhafte Hund
Aus: ders., Sämtliche Gedichte in zeitlicher Folge, hrsg. v. Klaus Briegleb,
Insel Verlag, Frankfurt am Main/Leipzig 1993.

Johann Gottfried Herder: Die Sonne und der Wind
Aus: Das Fabelbuch von Äsop bis heute, Carl Ueberreuter 2003.

Franz Kafka: Kleine Fabel
Aus: ders., Beschreibungen eines Kampfes – Novellen, Skizzen, Aphorismen
aus dem Nachlass, Fischer Taschenbuch Verlag, Frankfurt am Main 1989.

Gottfried Keller: Vom Fichtenbaum, dem Teiche und den Wolken
Aus: ders., Gesammelte Werke, Band 2, Erzählungen, Winkler Verlag,
München 1979.

Rudyard Kipling: Wie das Kamel seinen Buckel bekam
Aus: ders., Gesammelte Werke, Band 3, übers. v. Hans Rothe,
© Paul List Verlag GmbH & Co. KG, München 1978.

Iwan Krylow: Das Quartett (nacherzählt v. Sybil Gräfin Schönfeldt)
Aus: Das große Fabelbuch für Kinder, Annette Betz 1997.

Iwan Krylow: Der Schwan, der Hecht und der Krebs
(nacherzählt v. Sybil Gräfin Schönfeldt)
Aus: Das große Fabelbuch für Kinder, Annette Betz 1997.

Iwan Krylow: Der Wolf und die Hirten
Aus: Fabeln und Parabeln der Weltliteratur, Bechtermünz 1990.

Jean de La Fontaine: Das Schwein, die Ziege und das Schaf
Aus: ders., Die Fabeln, hrsg. v. Johanna Wege, übers. v. Jürgen Grimm,
Philipp Reclam jun., Stuttgart 1991.

Jean de La Fontaine: Der Fuchs und die Weintrauben
Aus: ders., Die Fabeln, Reclam 1991.

Jean de La Fontaine: Der Fuchs und der Ziegenbock
Aus: ders., Die Fabeln, Reclam 1991.

Jean de La Fontaine: Der Hahn und der Fuchs
Aus: ders., Die Fabeln, Reclam 1991.

Jean de La Fontaine: Der Hase und die Frösche
Aus: ders., Die Fabeln, Reclam 1991.

Jean de La Fontaine: Der Rabe und der Fuchs
Aus: ders., Die Fabeln, Reclam 1991.

Jean de La Fontaine: Der Rat der Ratten
Aus: ders., Die Fabeln, Reclam 1991.

Jean de La Fontaine: Der Wolf und der Fuchs
Aus: ders., Die Fabeln, Reclam 1991.

Jean de La Fontaine: Die Katze und die Ratte
Aus: ders., Die Fabeln, Reclam 1991.

Jean de La Fontaine: Die Ohren des Hasen
Aus: ders., Die Fabeln, Reclam 1991.

Jean de La Fontaine: Die Taube und die Ameise
Aus: ders., Die Fabeln, Reclam 1991.

August Friedrich Ernst Langbein: Der Adler und die Schnecke
Aus: ders., Ganymeda. Fabeln, Erzählungen und Romanzen zu
Gedächtnis- und Rede-Uebungen, hrsg. v. A. F. E. Langbein,
Amelang Verlag, Berlin 1830.

Gotthold Ephraim Lessing: Äsop und der Esel
Aus: ders., Dramen, Fabeln, Buch und Zeit Verlagsgesellschaft mbH, Köln 1980.

Gotthold Ephraim Lessing: Das Geschenk der Feen
Aus: ders., Dramen, Fabeln, Buch und Zeit 1980.

Gotthold Ephraim Lessing: Das Ross und der Stier
(nacherzählt v. Sybil Gräfin Schönfeldt)
Aus: Das große Fabelbuch für Kinder, Annette Betz 1997.

Gotthold Ephraim Lessing: Der Adler
Aus: ders., Dramen, Fabeln, Buch und Zeit 1980.

Gotthold Ephraim Lessing: Der Affe und der Fuchs
Aus: ders., Dramen, Fabeln, Buch und Zeit 1980.

Gotthold Ephraim Lessing: Der Bär und der Elefant
Aus: ders., Dramen, Fabeln, Buch und Zeit 1980.

Gotthold Ephraim Lessing: Der Dornenstrauch
Aus: ders., Dramen, Fabeln, Buch und Zeit 1980.

Gotthold Ephraim Lessing: Der Löwe und der Hase
Aus: ders., Dramen, Fabeln, Buch und Zeit 1980.

Gotthold Ephraim Lessing: Der Phönix
Aus: ders., Dramen, Fabeln, Buch und Zeit 1980.

Gotthold Ephraim Lessing: Der Rangstreit der Tiere
Aus: ders., Dramen, Fabeln, Buch und Zeit 1980.

Gotthold Ephraim Lessing: Der Tanzbär
Aus: ders., Dramen, Fabeln, Buch und Zeit 1980.

Gotthold Ephraim Lessing: Die junge Schwalbe
Aus: ders., Dramen, Fabeln, Buch und Zeit 1980.

Gotthold Ephraim Lessing: Die Wohltaten
Aus: ders., Dramen, Fabeln, Buch und Zeit 1980.

Gotthold Ephraim Lessing: Hirsch und Fuchs
(nacherzählt v. Sybil Gräfin Schönfeldt)
Aus: Das große Fabelbuch für Kinder, Annette Betz 1997.

Gotthold Ephraim Lessing: Neidlose Freundschaft –
Die Nachtigall und der Pfau
Aus: ders., Dramen, Fabeln, Buch und Zeit 1980.

Magnus Gottfried Lichtwer: Die Schlange
Aus: Magnus Gottfried Lichtwer/Johann Christoph Gottsched,
Briefwechsel, Fabeln, Rezensionen, hrsg. v. Walter Hettche,
Aisthesis Verlag, Bielefeld 2003.

Magnus Gottfried Lichtwer: Die Tulipane
Aus: ders., Blinder Eifer schadet nur! Fabeln, Lehrgedichte,
Philipp Reclam jun., Leipzig 1971.

Martin Luther: Vom Frosch und der Maus
Aus: ders., Lieder und Fabeln, hrsg. v. Georg Buchwald,
Philipp Reclam jun., Leipzig 1925.

Martin Luther: Vom Hunde im Wasser
Aus: ders., Lieder und Fabeln, Reclam 1925.

Martin Luther: Von der Stadtmaus und der Feldmaus
Aus: Fabeln und Parabeln der Weltliteratur, Bechtermünz 1990.

August Gottlieb Meißner: Das Krokodil, der Tiger und der Wandersmann
Aus: Der Wolf und das Lamm – Die schönsten Fabeln,
hrsg. v. Andreas Simon, Verlag Lothar Borowsky, München 1980.

Novalis: Das Pferd
Aus: ders., Werke in einem Band, hrsg. v. Hans-Joachim Mähl u. Richard Samuel,
Deutscher Taschenbuch Verlag, München 1995.

Novalis: Der Tiger und der Fuchs
Aus: ders., Werke in einem Band, Deutscher Taschenbuch Verlag 1995.

Romulus: Der Dank des Löwen
Aus: Antike Fabeln in einem Band, Aufbau 1978.

Abraham a Santa Clara: Die alten und die jungen Frösche
Aus: Das große Buch der Fabeln, hrsg. v. Hans-Jörg Uther,
Knaur Verlag, München 2003.

Arthur Schopenhauer: Der Apfelbaum und die Tanne
Aus: ders., Sämtliche Werke, Band 6, Parerga und Paralipomena II,
hrsg. v. Arthur Hübscher, F. A. Brockhaus, Mannheim 1988.

James Thurber: Der Bär, der es bleiben ließ
Aus: ders., 75 Fabeln für Zeitgenossen. Den unverbesserlichen Sündern
gewidmet, übers. v. Ulla Hengst/Hans Reisiger/H. M. Ledig-Rowohlt,
© Rowohlt Verlag GmbH, Reinbek bei Hamburg 1967.

James Thurber: Der Fuchs und der Rabe
Aus: ders., 75 Fabeln für Zeitgenossen, © Rowohlt 1967.

James Thurber: Die Kaninchen, die an allem schuld waren
Aus: ders., 75 Fabeln für Zeitgenossen, © Rowohlt 1967.

Leo Tolstoi: Der Affe und die Erbsen (nacherzählt v. Sybil Gräfin Schönfeldt)
Aus: Das große Fabelbuch für Kinder, Annette Betz 1997.

Leo Tolstoi: Die Stute und der Ackergaul
Aus: ders., Die Brüder des Zaren, übers. v. Hans Baumann,
Sigbert Mohn Verlag, Gütersloh 1964.

Christian Felix Weiße: Der Geizhals und der Affe
Aus: Christian Felix Weiße 1726-1804 – Leipziger Literat zwischen Amtshaus,
Bühne und Stötteritzer Idyll, Biographische Skizze und Werkauswahl,
hrsg. v. Anne-Kristin Mai, Sax-Verlag, Beucha 2003.

Fabeln unbekannter Autoren

Das Haselhuhn und die Schildkröte (aus Afrika)
Aus: Fabeln und Parabeln der Weltliteratur, Bechtermünz 1990.

Der Bär als Richter (aus Finnland)
Aus: Finnische Märchen, übers. v. Emmy Schreck, H. Böhlau, Weimar 1887.

Der kranke Löwe (aus Südwestafrika)
Aus: Fabeln und Parabeln der Weltliteratur, Bechtermünz 1990.

Der stolze Schmetterling (aus dem Sudan)
Aus: Fabeln und Parabeln der Weltliteratur, Bechtermünz 1990.

Der Ursprung des Todes (aus Südwestafrika)
Aus: Fabeln und Parabeln der Weltliteratur, Bechtermünz 1990.

Die allzu klugen Fische (aus Indien)
Aus: Fabeln und Parabeln der Weltliteratur, Bechtermünz 1990.

Die kleine rote Henne und die Weizenkörner (anonym)
Aus: Östlich der Sonne und westlich vom Mond, Aufbau 2006.

Die Schlange (Hottentotten)
Aus: Fabeln und Parabeln der Weltliteratur, Bechtermünz 1990.

Katze bleibt Katze (aus China)
Aus: Das Hausbuch der Fabeln, Ehrenwirth 1990.

Kluger Hase und dankbarer Ziegenbock (aus Brasilien)
Aus: Portugiesische Märchen, Reihe Diederichs Märchen der Weltliteratur, Rowohlt Taschenbuch-Verlag, Reinbek bei Hamburg 1998.

Nichts mehr als nichts – Die Fabel vom Gewicht einer Schneeflocke (anonym)
Aus: Das Fabelbuch von Äsop bis heute, Annette Betz 2003.

Vom Löwen und dem Hasen (aus Indien)
Aus: Fabeln und Parabeln der Weltliteratur, Bechtermünz 1990.

Warum Hund und Katze sich feind sind (aus China)
Aus: Das Hausbuch der Fabeln, Ehrenwirth 1990.

Sollte es uns trotz sorgfältiger Nachforschungen nicht gelungen sein, alle Rechteinhaber zu ermitteln, bitten wir, etwaige Forderungen an den Verlag zu richten.

Zu den Autoren

Äsop (lebte um 600 v. Chr.), griechischer Gelehrter. Er gilt als Begründer der europäischen Fabeldichtung. Seine Fabeln wurden mündlich überliefert und zunächst von Demetrios von Phaleron (etwa 300 v. Chr.) gesammelt.

Babrios (1. oder 2. Jahrhundert n. Chr.), griechischer Fabeldichter italienischer Herkunft. Er bearbeitete die Fabeln Äsops, dichtete jedoch auch eigene, in denen er die Moral zugunsten der poetischen Ausschmückung in den Hintergrund stellte.

Wilhelm Busch (1892 – 1908), deutscher Dichter und Humorist. Bekannt wurde er vor allem mit seinen Bildergeschichten, z. B. *Max und Moritz*. In seinen Fabeln zeigt Busch die komische und skurrile Seite einer Geschichte und nicht deren Moral.

Leonardo Da Vinci (1452 – 1519), italienischer Architekt, Ingenieur, Naturphilosoph, Anatom und Mechaniker. Bekannt wurde er v. a. durch seine Bilder und Skulpturen. Da Vincis Fabeln entstanden Ende des 15. Jahrhunderts im Auftrag des Mailänder Hofs.

Marie von Ebner-Eschenbach (1830 – 1916), österreichische Schriftstellerin. Nach einer Uhrmacher-Ausbildung betätigte sie sich als Dramatikerin; doch erst mit ihren Aphorismen, Novellen und Erzählungen gelang ihr der literarische Durchbruch. 1900 wurde ihr als erster Frau der Ehrendoktor der Universität Wien verliehen.

August Heinrich Hoffmann von Fallersleben (1798 – 1874), deutscher Philologe, Dichter und Sammler alter Schriften. Er schrieb zahlreiche politische Gedichte und Kinderlieder, z. B. *Ein Männlein steht im Walde*. Außerdem ist er der Verfasser des *Liedes der Deutschen*, dessen dritte Strophe die deutsche Nationalhymne ist.

Marie de France (1135 – 1200), französischsprachige Dichterin. Sie lebte im Umfeld des englischen Hofs und war vermutlich eine Halbschwester des englischen Königs Heinrich II. Neben Fabeln schrieb sie zahlreiche Novellen in Versform.

John Gay (1685 – 1732), englischer Schriftsteller, der zahlreiche Gedichte, Erzählungen, Romane und Fabeln verfasste. Sein wohl bekanntester Text ist *The Beggar's Opera*, auf den *Die Dreigroschenoper* von Bertolt Brecht zurückgeht.

Robert Gernhardt (1937 – 2006), deutscher Schriftsteller, Zeichner und Maler. Er war u. a. Mitherausgeber der Satirezeitschrift *Titanic* und Drehbuchautor für vier *Otto*-Filme. Robert Gernhardt gilt als einer der wichtigsten zeitgenössischen Dichter.

Franz Grillparzer (1791 – 1872), österreichischer Schriftsteller, der v. a. durch seine Dramen bekannt wurde. Obwohl seine Texte konservativ-unkritisch waren, fielen sie nach anfänglichen Erfolgen der Zensur zum Opfer. Erst gegen Ende seines Lebens wurden sie wieder veröffentlicht und ausgezeichnet.

Brüder Grimm, Jacob Ludwig Karl (1785 – 1863) und Wilhelm Karl (1786 – 1859) Grimm. Sie wurden als Sprachwissenschaftler und Sammler der *Kinder- und Hausmärchen* weltbekannt.

Josef Guggenmos (1922 – 2003), deutscher Schriftsteller, der zahlreiche Gedichte, Haiku, Geschichten und naturkundliche Bücher für Kinder und Erwachsene verfasste. Für sein Gesamtwerk erhielt er 1993 den Sonderpreis zum Deutschen Jugendliteraturpreis.

Friedrich Haug (1761 – 1829), deutscher Beamter und Schriftsteller. Bekannt wurde Haug durch seine zahlreichen Epigramme, die er zunächst unter dem Namen Hophthalmos veröffentlichte. Darüber hinaus schrieb er Fabeln, Balladen, Erzählungen und Scharaden.

Lafcadio Hearn (1850 – 1904), irisch-griechischer Schriftsteller. 1890 ging Hearn nach Japan, wo er neben dem Schreiben als Sprachlehrer tätig war. Seine Texte prägten das westliche Japanbild.

Heinrich Heine (1797 – 1856), deutscher Schriftsteller und Journalist. Seine satirisch-literarische Darstellung politischer Themen ist bis heute prägend für das Feuilleton. Sein wohl bekanntestes Gedicht ist *Deutschland. Ein Wintermärchen*.

Johann Gottfried Herder (1744 – 1803), deutscher Dichter, Übersetzer, Theologe, Geschichts- und Kulturphilosoph. Er arbeitete als Lehrer, Prediger, Schulaufseher und Publizist und entwickelte u. a. den Genie-Begriff, der für die Sturm- und Drang-Bewegung richtungsweisend war.

Franz Kafka (1883 – 1924), in Prag geborener deutschsprachiger Schriftsteller, der neben drei Romanen zahlreiche Erzählungen schrieb. Er arbeitete als Beamter bei einer Versicherung und publizierte zu Lebzeiten nur wenig. Kafka bat seinen Nachlassverwalter Max Brod seine Schriften zu vernichten, dieser veröffentlichte sie jedoch.

Gottfried Keller (1819 – 1890), Schweizer Schriftsteller und Politiker. Bekannt wurde er durch seine Novellen sowie den Bildungsroman *Der grüne Heinrich*. Kennzeichnend für sein Werk ist die überspitzte Darstellung des bürgerlichen Alltags, so z. B. in der Erzählung *Kleider machen Leute*.

Rudyard Kipling (1865 – 1936), britischer Schriftsteller. Er schrieb v. a. Kurzgeschichten, aber auch Romane und Gedichte. Sein wohl bekanntester Text ist *Das Dschungelbuch*. 1907 erhielt er als erster englischer Schriftsteller den Literaturnobelpreis.

Iwan Krylow (1769 – 1844), russischer Beamter, Hauslehrer und Bibliothekar, der als wichtigster Fabeldichter des Landes gilt. Da er in umgangssprachlichen Versen schrieb, wurden Teile seiner Fabeln zu Sprichwörtern, die noch heute benutzt werden.

Jean de La Fontaine (1621 – 1695), französischer Schriftsteller und Jurist. Er schrieb – meist im Auftrag wohlhabender Adliger – Gedichte, Verserzählungen, Dramen und Opernlibretti. Berühmt wurde er durch seine Fabeln, die bis heute zur klassischen Schullektüre gehören.

August Friedrich Ernst Langbein (1757 – 1835), deutscher Schriftsteller, dessen Unterhaltungsliteratur sehr beliebt war. Da er von der Schriftstellerei nicht leben konnte, ließ er sich als Zensor am preußischen Hof anstellen.

Gotthold Ephraim Lessing (1729 – 1781), deutscher Schriftsteller, der vor allem durch seine Dramen und theoretischen Texte zum Theater bekannt wurde. Sein Werk, ganz besonders das Drama *Nathan der Weise*, ist ein Plädoyer für Toleranz.

Magnus Gottfried Lichtwer (1719 – 1783), deutscher Jurist und Fabeldichter. Vorbild für seine Fabeln sind die Texte Äsops. Im Gegensatz zu Äsop ist bei Lichtwer die Moral in einem kurzen Merksatz am Ende der Erzählung zusammengefasst.

Martin Luther (1483 – 1546), deutscher Theologe. Er löste die Reformation der römisch-katholischen Kirche aus, u. a. durch den Anschlag von 95 Thesen an der Schlosskirche Wittenberg. Bekannt wurde er zudem durch seine Übersetzung der *Bibel* in volkssprachliches Deutsch.

August Gottlieb Meißner (1753 – 1807), deutscher Schriftsteller, der als Begründer der deutschsprachigen Kriminalerzählung gilt. Mit seinen Erzählungen trat er für eine humane Rechtssprechung ein, die die sozialen und psychologischen Umstände eines Täters berücksichtigt. Darüber hinaus verfasste er zahlreiche Fabeln.

Novalis, eigentlich Georg Philipp Friedrich Freiherr von Hardenberg (1772 – 1801), deutscher Schriftsteller, Philosoph und Bergbauingenieur. In seinen Schriften versuchte er eine Verbindung von Poesie und Wissenschaft und damit eine „Romantisierung der Welt" herzustellen.

Romulus (um 400 n. Chr.), schrieb das Vorwort zu einer lateinischen Fabelsammlung, deren vollständiger Name *Aesopus Latinus* lautet. Über Romulus selbst ist nichts bekannt. Im Mittelalter glaubte man, hinter diesem Namen verberge sich der römische Kaiser Romulus Augustulus.

Abraham a Santa Clara (1644 – 1709), eigentlich Johann Ulrich Megerle, katholischer Geistlicher, Prediger und Schriftsteller. Seine Reden und Schriften sollten den Weg zum Seelenheil zeigen und orientierten sich inhaltlich und stilistisch am Alltag des Volkes.

Arthur Schopenhauer (1788 – 1860), deutscher Philosoph. Er vertrat die Auffassung, die Welt sei mit der menschlichen Vernunft nicht vollständig erklärbar. Das irdische Leben verstand er als eine Aneinaderreihung von Leid und Schmerz.

James Thurber (1894 – 1916), US-amerikanischer Schriftsteller und Zeichner. Seine humoristischen Kurzgeschichten und Fabeln veröffentlichte er hauptsächlich in der Tageszeitung *The New Yorker*. Außerdem war er Mitautor verschiedener Drehbücher.

Leo Tolstoi (1828 – 1910), russischer Schriftsteller und Anarchist. Er setzte sich für (leibeigene) Bauern, Arbeiter und Kinder ein. Seine Lesebücher zur Vermittlung sozialer und moralischer Werte wurden bis in die 1920er Jahre in der Schule eingesetzt. Weltbekannt wurde Tolstoi durch seine Romane *Krieg und Frieden* sowie *Anna Karenina*.

Christian Felix Weiße (1726 – 1804), deutscher Schriftsteller und Pädagoge, der als Begründer der Kinder- und Jugendliteratur in Deutschland gilt. Er gab die erste Kinderzeitschrift Deutschlands heraus – den *Kinderfreund*.

Karsten Teich, geboren 1967 in Hannoversch Münden, studierte Kunst an der Hochschule der Künste in Kassel. Seit 2001 illustriert er Kinderbücher für verschiedene Verlage. Seine Figuren und Geschichten haben inzwischen viele Freunde gefunden. Er zeichnet, schreibt und lebt mit seiner Familie in Berlin.

Sybil Gräfin Schönfeldt, geboren 1927, ist promovierte Germanistin und Kunsthistorikerin und arbeitete lange als Redakteurin und freie Journalistin, u. a. für DIE ZEIT und das ZEIT-Magazin. Sie schrieb und übersetzte zahlreiche Bücher für Kinder und Erwachsene und wurde u. a. mit dem Deutschen Jugendliteraturpreis und dem Europäischen Jugendbuchpreis ausgezeichnet. Sybil Gräfin Schönfeldt lebt in Hamburg.

Hausbücher au<!--cut-->

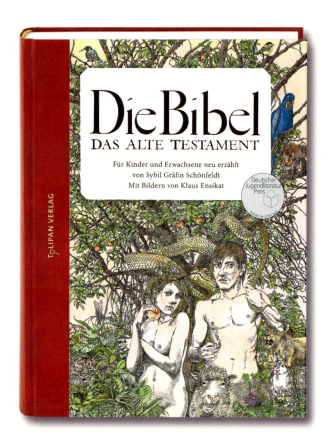

»Sehr klug, sehr einfühlsam, sprachlich sehr gelungen.«
Deutschlandfunk

ISBN 978-3-939944-33-1
€ 39,95 (D)/€ 41,10 (A)/sFr 53,90

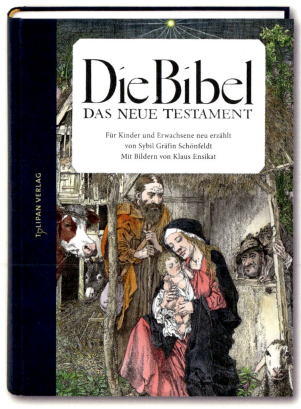

»Text und Bilder nähern sich leise ihrem Thema. Gerade deshalb lässt man sich von diesem Buch verzaubern.«
Süddeutsche Zeitung

ISBN 978-3-939944-70-6
€ 29,95 (D)/€ 30,80 (A)/sFr 40,90

ulipanien!

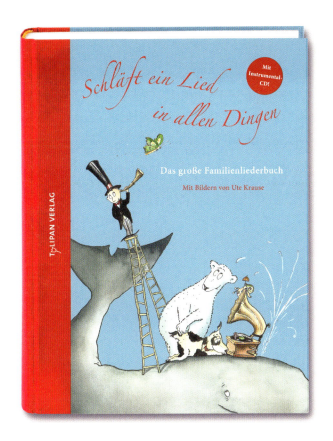

»Eine wirklich gelungene Auswahl klassischer und neuer Kinder- und Volkslieder.«
Stiftung Lesen

ISBN 978-3-939944-63-8
€ 29,95 (D)/€ 30,80 (A)/sFr 40,90

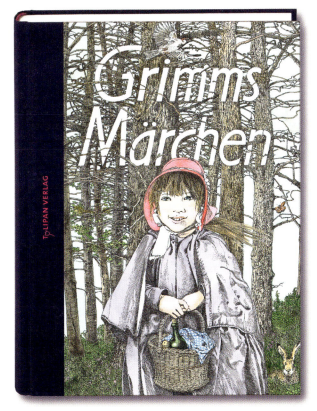

»Ein Prachtband!«
FOCUS

ISBN 978-3-939944-50-8
€ 24,95 (D)/€ 25,70 (A)/sFr 35,50

© Tulipan Verlag GmbH, Berlin 2012
Alle Rechte vorbehalten
1. Auflage 2012
Bilder: Karsten Teich
Vorwort: Sybil Gräfin Schönfeldt
Gestaltung und Satz: www.anettebeckmann.de
Druck: Grafisches Centrum Cuno GmbH & Co. KG, Calbe
ISBN 978-3-939944-91-1
www.tulipan-verlag.de